"做家长的合作者"家庭教育指导丛书 ›››

教师家庭教育 指导手册

学前版

袁 雯 丛书主编

张丽娜 本册主编

上海教育出版社
SHANGHAI EDUCATIONAL
PUBLISHING HOUSE

图书在版编目（CIP）数据

教师家庭教育指导手册：学前版 / 张丽娜主编. —
上海：上海教育出版社，2023.11
（"做家长的合作者"家庭教育指导丛书）
ISBN 978-7-5720-2320-0

Ⅰ.①教… Ⅱ.①张… Ⅲ.①学前儿童－家庭教育
Ⅳ.①G781-62

中国国家版本馆CIP数据核字(2023)第231550号

责任编辑　张璟雯
封面设计　周　吉

教师家庭教育指导手册（学前版）
张丽娜　主编

出版发行　上海教育出版社有限公司
官　　网　www.seph.com.cn
地　　址　上海市闵行区号景路159弄C座
邮　　编　201101
印　　刷　江阴金马印刷有限公司
开　　本　700×1000　1/16　印张 10
字　　数　143 千字
版　　次　2023年12月第1版
印　　次　2023年12月第1次印刷
书　　号　ISBN 978-7-5720-2320-0/G·2057
定　　价　49.00 元

如发现质量问题，读者可向本社调换　电话：021-64373213

致广大教师的一封信

亲爱的老师：

当你翻阅这封信的时候，或许你正在经历着不知如何与家长进行沟通的困惑，抑或是你已经积攒了丰富的家庭教育指导经验……但无论如何，相信你已经开始充分认识到家庭教育的重要性。

习近平总书记在 2018 年全国教育大会上指出："办好教育事业，家庭、学校、政府、社会都有责任。"2021 年颁布的《中华人民共和国家庭教育促进法》也明确规定了要让"家庭教育、学校教育、社会教育紧密结合、协调一致"，"畅通学校家庭沟通渠道，推进学校教育和家庭教育相互配合"。落实立德树人根本任务，培养学生的必备品格与关键能力，为祖国建设培养德智体美劳全面发展的社会主义建设者和接班人绝非某一方面的"独唱"，而是家庭、社会和大中小学一体化的"大合唱"，教师在其中发挥着无可替代的作用。

当前社会有众多家长忽视青少年成长规律，片面追求孩子考试成绩，持续为孩子的教育"加杠杆"，导致青少年心理问题频发。中国科学院心理研究所调查数据显示，中学生重度焦虑的比例高达 5.5%，其中 88.7% 的焦虑来源于学业压力，这与当下普遍的"虎妈""狼爸"现象密不可分。如何教会家长承担家庭教育责任，科学掌握青少年儿童成长规律，理性看待孩子的学业成绩与职业选择，巧妙化解孩子成长过程中的关键难题，协同学校做好孩子的课后育人等，都是教师在家校沟通过程中需要深入思考的核心问题。

为帮助广大教师合理掌握家庭教育指导规律，上海师范大学组织教育学、心理学、社会学领域的专家团队合作编写了《"做家长的合作者"家庭教育指导丛书》。本套丛书是《"给家长的 100 条建议"家庭教育指导丛书》

（上海教育出版社出版）的延续版，供广大教师朋友配套使用。该系列丛书分为学前、小学、中学三个学段。其中，"学前版"分为保育与身体健康篇、家庭与亲子关系篇、情绪与人际交往篇、探索与认知发展篇四大主题25个案例；"小学版"分为学业与发展、心理健康与社会交往、亲子关系与家庭文化、现代家庭教育困境、家校合作与教师发展五大主题25个案例；"中学版"分为家庭关系、亲子沟通、生涯规划、同伴关系、学业管理五大主题25个案例。每一版本指导手册均采用典型案例的形式呈现了一线教师在开展家庭教育指导过程中的主要困境，整合专家经验与专业知识，有针对性地为广大教师提供家庭教育指导的对策建议。

　　各位老师也可以将本系列丛书作为工具书，既可以系统了解各学段青少年儿童可能面临的关键问题与有效对策，也可以针对性地查阅自己正面临的困惑问题，为有效开展家庭教育指导提供新的思考。

　　教育是一门"一辈子的学问"，在知识迭代更新的时代，期望老师们阅读本套丛书，不仅能够学会如何"教学生"，更能够学会如何"教家长"。期望每一位老师持续运用科学的教育理念，良好的沟通方法，助力家长树立科学、先进的教育观念，合力为青少年健康成长提供良好的家庭育人环境。

上海师范大学教育学院院长　夏惠贤教授

前言

亲爱的老师们，大家好！

2017年，中国教育科学院发布的《家庭教育指导服务规范》指出，家庭教育需要科学的指导和规范，该文件明确提出了家庭教育指导工作的重要意义和具体实施中的要求与规范。党的十八大以来，习近平总书记对家庭、家教和家风建设有许多重要论述。习近平总书记在全国教育大会上对家庭教育的重要任务与目标方向进行了深刻的诠释："家庭是人生的第一所学校，家长是孩子的第一任老师，要给孩子讲好'人生第一课'，帮助扣好人生第一粒扣子。"2021年10月23日《中华人民共和国家庭教育促进法》颁布，从家庭责任、国家支持和社会协同等方面出台了家庭教育的具体制度和举措。家庭是人生的第一所学校，家庭教育对儿童的发展起着关键的、不可忽视的作用，但家长对儿童进行教育水平参差不齐，幼儿园教师的家庭教育指导工作显得尤为迫切。

学龄前儿童的发展有其独特的发育、发展规律，家长们面临诸多育儿困惑、压力和纠结，教师们如何与教育背景不同、脾气性格迥异、教育方法大相径庭的家长进行沟通，为家长们提供正确的家庭教育理念，促进儿童全面、健康、快乐地发展，是非常大的挑战，这需要教师们在长时间实践中的经验积累，也需要心理学和教育学的专业支持。基于此，本册在儿童发展规律和特点的基础上，以教师对家长育儿指导中的困惑和需求为着力点，给出了具体的专家建议。

本书分为保育与身体健康篇、家庭与亲子关系篇、情绪与人际交往篇、探索与认知发展篇，四大主题，共25个案例故事，每个主题里都包含教师观察到的儿童的生动案例，从心理学和教育学视角对案例进行简要分析，专家对家庭教育指导中教师应该怎么做的具体建议，期望教师能够以行之有效的指导策略，帮助家长更科学地进行家庭教育。

保育与身体健康篇

科学规律的生活作息是一种健康的生活方式，更是值得拥有的生活态度。饮食、睡眠、运动、健康、性别意识等是这个阶段的儿童成长时特别需要关注的，也是家长困惑较多的地方，更是教师进行家庭教育指导的重要领域。

家庭与亲子关系篇

家庭为儿童茁壮成长提供丰富的营养，亲子关系也滋养着儿童的发展，但是亲子关系的发展并不是一帆风顺、一成不变的。家长发现儿童开始说"不"，和自己作对，事事想要自己做主。这样的"叛逆"其实是儿童自我意识发展的突出表现，家长的指导要有智慧。

情绪与人际交往篇

用正确的方式表达情绪，拥有融洽的人际关系对儿童的发展具有重要的意义。儿童表现出来的情绪问题反映了儿童内心的真实感受，儿童情绪的正确表达需要学习。同伴关系是儿童人际关系的一种，儿童表现出来的人际交往问题，如害羞、社交困难或者攻击性反应等，同样需要家长的积极引导。

探索与认知发展篇

3—4岁是儿童发展关键期，儿童遵守规则的认知和行为都得到了快速发展。在这一阶段，儿童的自我控制能力开始迅速发展，自我管理能力也开始发展，对规则的理解也逐渐深入。儿童的自我管理表现为专心倾听、保持注意、学会坚持等方面。家长要充分尊重和保护儿童的好奇心和学习兴趣，帮助儿童逐步养成积极主动、认真专注、不怕困难、敢于探究和尝试、乐于想象和创造等良好品质。

本书整理及撰写了四大主题 25 个案例故事，是基于学前阶段儿童发展的以下基本特点。

生长迅速，各项能力全面萌芽

学前阶段儿童的生长变化非常迅速，他们的身体发育、语言能力、情绪能力、认知能力、社会交往等各方面的能力都全面萌芽了。

阶段性强，发展有规律、有顺序

儿童的发展沿着相似的进程有规律地发展，呈现出持续、渐进的特点，同时也表现出一定的阶段性特征。在每个时间点上，儿童能力发展的重点都不尽相同。

具有依赖性，需要成人的陪伴与指导

学前阶段儿童的身心健康发展离不开成人创造的良好环境和悉心呵护，成人高质量的陪伴和指导有利于儿童能力的全面发展。

成人为儿童发展提供支持时，需要注意以下几点。

（1）关注儿童发展的规律。儿童的发展是有科学规律的，要关注促进幼儿身心全面协调发展，而不应片面追求某一方面或几方面的发展。

（2）尊重儿童发展的差异。每个儿童的发展速度不完全一致，他们的能力到达某一水平的时间也不完全相同。要充分理解并且尊重儿童在发展进程中的个体差异，支持和引导儿童从原有水平向更高水平发展，尊重他们按照自身的速度和方式到达能力发展"阶梯"，切忌用一把"尺子"衡量所有儿童。

（3）理解儿童发展的方式和特点。尊重幼儿发展的个体差异，理解幼儿的学习方式和特点。动作经验是儿童智慧的源泉，学前儿童还没有抽象思维的能力，他们的学习以直接经验为基础，是在游戏和日常生活中的观察式学

习、体验式学习。因此，成人要重视游戏和生活对儿童发展的独特价值，创设丰富的教育环境，合理安排儿童的一日生活，最大限度地支持和满足儿童通过直接感知、实际操作和亲身体验获取经验的需要，严禁"拔苗助长"式的超前教育和强化训练。

指导家长做孩子的导师，是一门深奥的学问：既要考虑孩子成长的特点与规律，又要考虑家长的共性与个性，还要考虑家庭成员之间的关系与期待，除此之外，还要用专业的角度和贴近案例实际情况的具体建议，让家长们接受并能够付诸行动，这给教师们提出了特别高的要求。我们希望能够通过案例故事，带领教师深入了解家长的育儿困惑；通过专业解读，开拓教师思考家庭教育指导的思路；通过专家建议，引领教师实施科学的家庭教育指导行动策略。期待这本《手册》能够成为新手教师的家庭教育指导案头书，也能够为经验丰富的教师进行家庭教育指导提供一点点新的智慧。

目　　录

保育与身体健康篇

家庭与亲子关系篇

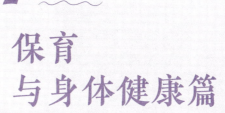

1

保育
与身体健康篇

"挑食"的孩子也有自己的烦恼

儿童的饮食是身体健康的基础，均衡合理的膳食不仅能帮助儿童获得必要且丰富的营养元素，使儿童获得良好的体质，还能够帮助儿童养成良好的饮食习惯，使儿童受益终身。但是，不是每个孩子都能做到均衡合理饮食，当孩子挑食或偏食时，家长该怎么办呢？教师可以给家长什么建议和指导呢？

案例描述

场景一：小康是一名小班的男生，他性格慢热，只跟在熟悉的小朋友后面跑来跑去。老师发现小康存在严重的挑食偏食现象。小康刚入园时，这个也不喜欢吃，那个也不喜欢吃，不管怎么哄都没用。刚开始老师以为是小康初入园不习惯导致的，但是持续一段时间后，小康还是如此。

于是老师与家长进行电话联系，了解小康在家的进餐情况，得知小康主食只吃面条、小馄饨等好咀嚼的食物，不愿意吃米饭，而家长也由他去。并且小康在家里吃饭时需要妈妈在旁边陪同、劝说，只有这样小康才愿意多吃一些。平日里，妈妈还经常给小康吃一些他喜欢的零食。

场景二：娜娜是一名中班的女生，她性格外向，思维灵活，常常有些奇思妙想。最近的午饭时间，小朋友们都在乖乖自己吃饭，娜娜却吃了没几口就离开座位，走来走去逗其他小朋友，或是跑去玩具区玩耍。老师将娜娜带回座位，让她坐下继续吃饭，但她却边吃边东张西望，很快又放下筷子跑开了。老师与家长沟通时发现，娜娜爸爸吃饭时常常玩手机，娜娜则边看动画片边吃晚饭，经常吃一会儿玩一会儿。

场景三：小佑是一名大班的男生，他活泼好动、机灵大胆，小朋友们都爱和他一起玩。老师发现小佑在幼儿园午饭时只吃米饭和肉，不吃一点蔬菜，吃饺子时也只吃皮，不吃里面带菜的馅料。在老师询问时，小佑摇着头说："这个我不吃！"他边说边把饺子馅挑出来，坚持只吃饺子皮。

放学时，老师和来接孩子的姥姥进行沟通。姥姥说小佑在家里只吃荤菜和米饭，他不喜欢吃蔬菜，所以家里不怎么做蔬菜，做了也不劝小佑吃。在一次家长座谈会上，小佑爸爸说，家里的饮食方面是小佑姥姥负责，之前姥姥尝试着做素菜，但小佑一口都不吃，宁愿只吃白米饭，姥姥心疼极了，之后家里就一直顺着小佑的喜好做饭。

案例分析

上述三个案例场景中，小康不爱吃米饭、娜娜吃饭时容易分心、小佑不爱吃蔬菜都是儿童饮食方面的常见问题。饮食关乎孩子的健康，是家长关注的重点，也是幼儿园教师每天都会特别注意的保育问题。小朋友们在饮食上的不良习惯，有些稍加引导就可以纠正，而有些却较难改变，因此需要家庭和幼儿园双方合作。

指导家庭进行健康饮食方面的教育，改善儿童的饮食习惯，首先要了解儿童养成不良饮食习惯的原因。儿童饮食习惯的养成可以简单分类为内因和外因：内因指儿童该年龄段的能力特点带来的影响；外因指外界环境带来的影响，特别是家庭环境、家长的行为举止等。

人类进化过程中的保护机制：儿童排斥味道重的食物

学前期的儿童对于食物的气味比成年人更加敏感。一些蔬菜具有特殊的味道，比如芹菜、香菜、胡萝卜、菌菇等，有些儿童对这些食物有着本能的抵触情绪。这是因为儿童对蔬菜的认知是从直观形象及味道来判断的，陌生的蔬菜、奇特的气味，或是不同寻常的颜色都是不安全的信号，人类进化中的自我保护机制会让儿童本能地排斥一部分蔬菜。有研究表明，通常味道清淡的食物都要比味道过重、刺激性强的食物更受学前儿童欢迎，所以有些儿童宁愿只吃白米饭也不吃蔬菜。

儿童的自身能力特点：有些食物吃起来更容易

儿童本身的能力也会影响他们的饮食选择。例如，儿童的手部精细动作还不够完善，虽然鱼虾类食物富含优质蛋白质，吃起来味道也很棒，但虾壳难剥、鱼容易卡刺，这就使得儿童对这类食物不感兴趣，转而选择更方便的肉食替代。同时，学前期儿童的咬合力也正处于发展阶段，有些孩子为了方便会喜欢容易咀嚼的食物，如场景一中小康就喜欢吃面条和小馄饨，而不喜欢需要反复咀嚼的米饭。

家长的溺爱和强迫：让儿童多吃一点

家长在儿童的饮食方面有两种较为极端的现象，一种是家长万分宠溺，孩子想吃什么，家里就烧什么，以儿童的喜好为标准制定饮食；另一种则是家长知道吃什么食物对孩子好，哪怕孩子不喜欢吃，家长也会为了孩子的营养不断强迫孩子多吃。

对于前者，家长也知道何种饮食更有营养，更有益于身体健康，可是，一旦孩子不吃或发脾气，家长就心软退却了。这使孩子形成了不良的条件反射，孩子们会认为不吃和哭闹能够带来他们喜欢的饮食。例如场景三中，小佑坚持不吃蔬菜，成功地让姥姥妥协了。小佑的这些"成功经验"可能会泛化到其他领域，孩子会通过抗拒行为和哭闹来拒绝他们不喜欢的任何事情，例如日后孩子不愿意写作业，他们就放下笔抗议或者哭着闹着不愿意做。

对于后者，其实绝大多数家长都认识到应该给儿童创设"轻松愉快""不训斥""多鼓励"和"少干扰"的自然进食氛围。但近年来的研究仍发现，接近一半比例的被调查家庭或多或少都存在强迫喂养现象，而且集中表现在"定量强迫"上，这表明家长总是觉得自家孩子吃得不够，从而想尽办法要求儿童"再多吃一点"。儿童本身的饮食习惯或许并没有太大的问题，而家长明知要创造良好的进食环境，却又忍不住叮嘱或强迫孩子多吃，这样的"知行背离"说明家长出现了一定程度的喂养焦虑。例如场景一中，小康妈妈就一直在吃饭时陪着小康并一直劝他再吃一点。孩子在用餐过程中感受到了父母的焦虑，从而对于饮食产生抵触的心理，更加不愿意多吃，反而逐渐产生了饮食问题。

家长的榜样作用：儿童的观察学习

班杜拉的观察学习理论认为，儿童可以通过观察榜样的行为进行学习。在家庭环境中，家长的行为就是儿童模仿的范本，因此儿童很多的饮食习惯也受到家长的饮食习惯的影响。如果家长喜欢吃零食，不重视一日三餐，哪怕家长和孩子强调要好好吃饭，孩子依旧会养成零食代替主食的不良习惯。例如场景二中，娜娜爸爸在吃饭时吃一会儿玩一会儿手机，娜娜就会模仿这个行为，导致吃饭不专注，边吃边玩。在儿童心目中，父母就是正确与否的标杆，因此儿童会倾向于模仿父母的各种行为。

专家建议

保障儿童拥有良好的饮食环境

良好的饮食环境可以促进儿童良好饮食习惯的养成。良好的饮食环境不只是吃食是否健康、科学、营养，还包括用餐时的氛围是否愉快、自由、温馨。

由于学前儿童午饭在幼儿园进行，晚饭在家中进行，家园双方缺一不可，所以良好的饮食环境就需要幼儿园教师与家长互相配合。

一方面，教师需要对家长加强科学育儿的理念和正确饮食习惯的宣传。教师要向家长科普膳食均衡的重要性以及幼儿园食谱的科学性，与家长定期联系，向家长反馈儿童在园的进餐情况。除此之外，教师还可以在家长群中分享一些科学的育儿文章、科普视频等。

另一方面，给儿童准备美味又好看的食物。学前儿童不能理解营养健康的食物意味着什么，但是他们总是喜欢看起来漂亮、闻起来香气扑鼻、吃起来美味可口的食物。健康食物要得到儿童的青睐，建议家长在色香味上多下功夫。

让儿童在实践参与中增加对于食物的兴趣

儿童对于陌生的食物是警惕的，对于一些不合口味的食物也很抗拒。家长除了不断改进食物口味、餐品外观外，也可以让儿童参与餐品制作的过程。儿童在自身参与的过程中，对于原本抗拒的食物逐渐熟悉，会更愿意尝试自己"亲手制作"的菜肴，也更倾向于认为自己做的菜格外好吃。例如场景三中，小佑总不愿意吃蔬菜，老师就建议家长可以和小佑一起在家种植蔬菜苗，或带小佑去蔬果园采摘，引发小佑对蔬菜的兴趣。于是家长和小佑在家里阳台上种了草头，收获后一起做了草头饼，还炒了草头吃，从这以后小佑逐渐开始喜欢吃蔬菜。同理，这种实践参与还可以是和儿童一起包馄饨，或让儿童帮忙择菜、洗菜等等。儿童在参与过程中，加强了与食物的联系，增加了对食物的兴趣，也就更愿意尝试吃一些以往不爱吃的食物。

掌握应对儿童挑食妙招

首先，尽量不要给孩子吃零食。饥饿是最好的促进人吃饭的动力。如果发现孩子不好好吃饭，两餐之间除了喝水，不要给孩子吃任何的零食。吃零食会让儿童产生饱腹感，到了吃饭的时候没胃口。场景一中，小康的妈妈经常给孩子吃零食，孩子在吃饭时"这不吃，那不吃"其实是没有饥饿感的表现。其次，在加工食物时，把不同的食物混合起来，避免给儿童提供挑食偏食的机会。因此，在食材的选择上，家长注意营养和味道的均衡搭配。很多情况下，家长仅考虑了营养，而忽略了口味。

教师发现儿童挑食的现象后，在园内可以通过同伴带动、榜样示范等方法进行引导，同时与家长沟通，共同建立儿童的成长档案，记录儿童每天的饮食情况，告诉家长不要过分焦虑和急躁，避免家长在用餐时逼迫儿童就餐而造成更紧张的用餐氛围。

家长要规范自己的饮食习惯，发挥榜样作用

为了培养儿童的优良饮食习惯，需要家长以身作则，为儿童树立不挑食、吃饭专注认真的行为榜样。老师在与家长沟通时，要注意询问孩子特殊行为的来源，是否是父母做出了不恰当的示范。例如场景二中，想要纠正娜娜吃饭不专注的不良习惯，首先要从娜娜爸爸做起，娜娜爸爸要先改掉吃饭时玩手机的习惯，并告诉娜娜边吃边玩是不对的，吃饭不专心是对于食物的不尊重，是对于农民伯伯的不尊重，而且边吃边玩很可能会消化不良。娜娜爸爸需要给予娜娜观察学习的正确示范，发挥榜样作用，从而纠正娜娜的饮食习惯。父母在儿童心中占据了很重要的地位，是儿童观察学习的榜样，因此父母的言行举止格外重要。

不爱睡觉的孩子在想什么

儿童拥有良好的睡眠对生长发育有非常重要的作用。教师如何引导家长，为儿童营造适宜睡眠的环境，帮助儿童养成良好的睡眠习惯呢？

案例描述

场景一：欢欢是一名小班的女生，她活泼调皮，大部分时间精力非常充沛。每天睡午觉时，欢欢总是睡不着，在床上翻来翻去、手舞足蹈。当整个教室安静下来后，老师总能听见窸窸窣窣的声音，原来是欢欢在玩被子上的拉链。不一会儿教室又响起了一阵歌声，是欢欢哼起了歌。又过了一会儿，传来一阵哭声，原来是欢欢把别的小朋友吵醒了。老师问欢欢为什么不睡觉，欢欢会大声地说："我不要睡！"有时老师会让欢欢自己单独睡，欢欢会一直睁着眼睛，折腾到午睡结束；有时老师会陪着欢欢，这样欢欢能睡超过一个小时。到了下午，没有睡午觉的欢欢容易发脾气。

老师跟家长沟通时发现，欢欢没有固定的午睡习惯。有时父母懒得哄欢欢午睡，让欢欢自己玩和看电视，欢欢玩累了，可能会自己打个盹；有时父母会耐着性子陪欢欢午睡，可欢欢总是不配合，在床上辗转反侧，难以入睡，父母逐渐失去耐心。

场景二：天天是一名中班的男生，他温和沉静，不太爱说话，喜欢沉浸在自己的小世界里。午睡时，老师发现天天喜欢咬着被角睡觉，小被子被咬湿了一大片，变得皱皱巴巴的。当老师把小被子从他嘴里"抢救"下来后，没过多久小被子的一角又再次回到了天天的嘴巴里。有一天，天天午睡前情绪不好，老师决定坐在天天的床边，陪着他。这一次天天没有咬小被子，而是咬住了老师衣服上的带子，老师一挣脱开，天天就把右手大拇指放到了嘴里。

老师跟家长沟通时发现，天天自从戒奶嘴后，每次睡觉时嘴里总要咬一些东西，若是不让他咬着，他便哭闹着无法睡觉。天天的父母忙于工作，只有姥姥陪伴着天天，但姥姥有时忙于家务，就让天天自己睡觉。

场景三：小南是一名大班的男生，他行动慢条斯理，反应有时会慢半拍。小南家离学校不远，走路十分钟的路程。可小南早上总会迟到，每次都是超过规定时间了，小南的爸爸才骑着自行车把他送来。老师问小南原因，小南的小脸涨得通红，说："我……起不来。"老师再追问小南："晚上是不是睡得很晚？"他不好意思地说："我要等妈妈。"午睡时，小南需要很长时间入睡。午睡结束，别的小朋友都已经整理好东西在参加集体活动了，他才不情愿地睁开眼睛，开始穿衣服。

老师跟家长沟通时发现，只要妈妈没回来，或者妈妈还在忙家务，小南总会在床上强撑着等妈妈，直到妈妈忙完，躺在他身边，小南才能安心入睡。妈妈忙完一般要到半夜十一二点，小南就一直等着不睡，早上也就无法按时起床了。家长又担心小南睡眠不够，让小南睡到快迟到了才起床，最后紧赶慢赶地把小南送来。

案例分析

上述欢欢、天天和小南的表现，反映出的是睡眠习惯的养成问题。《3—6岁儿童学习与发展指南》建议："保证幼儿每天睡 11—12 小时，其中午睡一般应达到 2 小时左右。午睡时间可根据幼儿的年龄、季节的变化和个体差异适当减少。"在睡觉时，教师和家长需要帮助儿童养成良好的睡眠习惯，培养儿童正确的睡姿，不趴着睡、不蒙头，让儿童能够自己安静就寝，不吮手指、不咬被角和拉链头。

儿童睡眠习惯养成是儿童自我管理和自我养成的过程，睡眠习惯需要从被动习惯养成为主动习惯。它需要家园共同携手，帮助儿童解决心理上、作息上、技能上等多方面的困难。教师想要通过家庭教育指导使家长帮助儿童养成良好的睡眠习惯，需要先了解睡眠对儿童的重要性，以及儿童不良睡眠习惯形成的原因。

睡眠重要性体现在儿童发展各方面

睡眠在儿童发育中起着至关重要的作用，充足的睡眠时间和良好的睡眠质量不仅可以促进其生长发育，提高社交和认知能力，还能够减少情绪和行为问题的发生，预防肥胖和注意力缺陷等。只有儿童睡好了，才能保证一整天充满活力地进行活动，也才能确保儿童生长激素的正常分泌，从而促进他们长高。因此，大部分学龄前的儿童是需要午睡的，幼儿园里也会组织儿童进行午睡。比如场景一里的欢欢，如果没有人陪着、哄着她午睡，让她保持充足的睡眠，下午她的情绪会明显出现问题。

儿童睡眠习惯养成与身体及心理因素紧密相关

当家长发现儿童有不良睡眠习惯时，应该首先对儿童的身体原因进行排除，比如儿童不睡觉是否因为身体不舒服、肠胃不适等。在排除了儿童的身体原因后，家长可以关注儿童不良睡眠习惯背后的心理原因。比如，场景一中的欢欢没有睡午觉的习惯，一方面是家人没有给她创造出固定午睡的环境，另一方面可能是欢欢想通过在午睡时制造情况来吸引大人们的注意；场景二中的天天睡觉时喜欢咬东西，可能是缺乏安全感，父母忙于工作，他很想要得到父母的关注和照顾，于是从咬东西上寻找安慰。有些家长在关注到孩子睡觉时喜欢咬手指、蒙着被子睡等行为后，不知道该采取什么方式引导孩子，他们有的会选择放任不管，期待着儿童长大了就能自然养成好习惯，比如场景二里天天的家长发现了天天有睡觉咬东西的习惯，他们尝试了禁止天天咬东西，但是没有取得很好的效果，家长也就不再采取措施；有些家长选择用激进的方式，强制儿童不得做出此类行为，导致儿童产生抵触情绪，如场景三中的小南为了等妈妈迟迟不睡，可能也是想从妈妈这里获得安全感，只有妈妈给他足够的关注和爱抚，他才能安心入睡。

家长的作息时间对儿童的作息时间会产生不小的影响

有很多年轻的家长工作比较繁忙，下班的时间比较晚，但是他们又不想错过孩子童年，想多陪伴孩子，就会在下班之后，陪孩子一起玩耍。有的孩子会一直等着父母，等父母忙完了再一起睡觉，因此他们睡觉的时间普遍比较晚。比如场景三里的小南不愿意放弃和妈妈相处的机会，一定要等到妈妈回来后才能安心睡觉，导致小南很晚才睡。

专家建议

寻求家长的支持：家园配合，共同培养儿童良好午睡习惯

老师在跟家长进行沟通时，切忌只传达家长需要配合的事。老师可以先向家长说清意图和原因，再向家长说明老师在幼儿园中做出的努力，同时，告知家长具体可操作的方法。即使家长在家中无法让孩子养成午睡习惯，通过幼儿园老师持续的引导与纠正，儿童也能慢慢在中午获得充足的休息。比如，面对场景一里欢欢的家长，老师可以说："我们发现欢欢没有睡午觉的习惯，但是午睡可以增强欢欢的记忆力，帮助欢欢保持精力充沛。""这几天午睡的时候，老师都会坐在欢欢旁边，有时拍拍她，有时给她讲一个小故事，帮助她睡眠。欢欢慢慢地能睡一个多小时了，但过一会儿就会醒。""现

在每天睡觉前，老师都会给小朋友们放一首曲子，他们一听到曲子就知道该睡午觉了。在家午睡前，也可以给欢欢放这首曲子，给她一个午睡前的仪式感。""不用强迫欢欢一定要午睡，哪怕欢欢到点了睡不着，也可以让欢欢安静地躺着，闭目养神。让欢欢习惯了到这个时间就安静下来，而不是处于亢奋的状态，久而久之有助于欢欢养成固定的午睡习惯。"

引起家长的注意：关注儿童睡眠习惯透露出的小秘密

有些儿童睡觉时喜欢咬衣服、被子、手指等，有些儿童喜欢蒙着被子睡觉，还有些儿童喜欢趴着睡……家长要关注孩子产生这些行为是否有生理上的原因，并带儿童到医院进行专业排查。比如，儿童趴着睡可能是因为消化不良。家长还要查看睡眠环境，比如房间内比较冷，儿童有可能养成蒙着被子睡的习惯。当排除了生理和环境因素后，还要查看是否有心理因素的影响，比如，缺乏安全感也会导致儿童睡觉时咬东西。场景二里的天天，因为父母常年在外，姥姥也不能时刻关注天天，引发了天天的不安全感，形成了睡觉时咬东西的习惯。老师可以建议家长："家长要注意清洁天天常咬的物品，一定不要强行让天天戒掉睡觉时咬东西的习惯。这样做可能会导致天天更加缺乏安全感，引发更大的问题。""尽量在天天入睡时，陪伴在天天的身边，家长可以轻轻地抚摸他、拍拍他。""父母空闲时，可以陪着天天一起睡，还可以给他读一些睡前故事。"

改变家长的观念：以儿童睡觉为先，与儿童达成约定

儿童晚睡的原因有很多，比如睡前过于兴奋、白天睡眠过多、父母晚睡等。场景三里的小南就是晚上睡得晚，早上起不来。老师首先应该向家长明确睡眠对于儿童的重要性，再向家长说明儿童遇到的问题。老师可以说："孩子睡得太晚会影响儿童大脑和身体的发育，小南早上起得晚，午睡时不易入睡，其他小朋友都起床了，他还要继续睡，下午睡久了又导致晚上睡不着，形成恶性循环。"老师可以进一步向家长了解儿童在家睡不着的表现和

原因，也提示家长发现问题："小南晚上精力状态怎么样？小南每晚都会等到你们睡觉时才睡吗？早上小南要迟到了他的心情怎么样？"在家长意识到问题后，老师可以提出解决办法："等父母一起睡，这是小南向父母表达爱的方式；别让孩子等太久，这是父母向小南表达爱的方式。家长可以和小南商量一下，达成约定。早上到了时间，就把小南叫醒，小南既不会迟到，中午也能按时午睡。"比如，老师可以这样提示家长："父母是否保证至少有一个人陪着小南睡呢？妈妈不回家或者晚回家的时候，可以提前跟小南报备，今晚妈妈会回来得很晚，爸爸给他讲故事、陪他玩游戏，然后陪他睡觉。妈妈答应宝宝，只要妈妈回来得早，一定陪宝宝一起睡，到了周末也可以一起睡。"

慢慢来，不要让运动成为孩子的负担

运动对于儿童身体、心理健康的价值不言而喻。但是在儿童运动技能发展的过程中很可能遇到儿童不愿意运动、手脚不协调、精细动作发展缓慢等问题，家长带着这类问题求助老师时，老师应该如何为家长支招呢？

案例描述

场景一：萌萌是一名小班的女生，性格非常文静，其他小朋友在操场上跑跑跳跳时，她总是一个人安安静静地坐在一边。老师建议她到操场上跟小朋友们一起玩耍时，萌萌会说："奶奶说跑跑跳跳要摔跤的，很痛。"她的自我保护意识非常强，拒绝尝试任何她认为有危险性的动作。爸爸妈妈带着萌萌一起体验滑滑梯、碰碰车、旋转木马等带有一定速度的游戏都会让她很紧张，坚决不玩第二次。

老师跟家长沟通时发现，萌萌在家里被保护得非常好，任何有危险性的动作都会被奶奶阻止。

场景二：星星是一名中班的男生，性格很活泼，走路都是蹦蹦跳跳的。可他却被跳绳难住了，连绳子都甩不起来，更别提跳了。星星试了好久，好不容易将绳子甩起来，但不是被绳子缠住手就是被绳子打到头，站在一旁看的妈妈急死了，忍不住说："跳个绳而已，很简单的事情，你怎么学不会呢？"星星很快对跳绳失去了兴趣，家长一说练习跳绳，星星马上不耐烦地说："我不会跳绳，我不跳。"

老师跟家长沟通时发现，家长对星星跳绳这件事比较着急，因为家长听说大班要能至少连续跳 5 个，身边其他的小朋友都开始练了，而星星一点都不想学，还说："他练习了很久都一直学不会，就怕他有其他的问题。"

场景三：溪溪是一名大班的女生，马上要上小学了，妈妈让她学习写字，但是她的字迹总是歪歪扭扭的。"这个字我总是写不好。"溪溪对自己的字也不是很满意。在做剪纸手工时，溪溪也经常把纸片剪得歪歪扭扭的，她没有办法沿着纸上的线条裁剪，剪着剪着就剪歪了。

跟家长沟通时发现，家长对溪溪的手工、字迹的整洁度不满意，认为女生做的东西就应该漂亮、干净，并表示："她做的东西像男生的，一点女生样都没有。"

案例分析

以上三个场景都表现出儿童在运动习惯和运动技能上的不足，这两个问题将直接导致儿童的运动兴趣缺乏，运动经验不足，从而影响他们的身心健康。另一方面，面对"幼升小"的升学压力，家长们不得不培养儿童的一些运动技能，"跳绳训练班""排球训练班"等应试导向的培训班应运而生。由于儿童有"不想动""不会动""一动就受伤"等情况，家长们很多时候只能干着急，或者花重金求助于培训机构。造成这一问题的原因主要有以下三点：

家长过度保护，儿童缺乏运动习惯和自我保护的方法

受伤焦虑是很多家长和孩子共有的心理状态，很多家长为了最大限度地避免孩子受伤，给孩子立了很多的"规矩"，这里不能碰，那里不能去。孩子稍微做一些爬上爬下的探索行为，家长立刻阻止，放大了运动的负面结果，让孩子觉得运动是一件很危险的事情。对于运动，家长首先要释放一种积极的信号，运动是一件开心的事情，如果家长都觉得运动是一件危险的事情，那孩子很容易对其产生害怕和排斥的情绪。在家长的过度保护下，有些孩子自我保护意识非常强，一旦在某一次运动中受伤后，就完全拒绝再次进行这类运动。其实，越是缺乏运动经验，越容易在运动中受伤。比如场景一中，萌萌奶奶的过度保护导致在萌萌的意识里，运动是一件"危险"的事情，因为怕摔跤，萌萌就完全拒绝运动。孩子与家长这种过度担忧的心理状态都需要得到纾解。

儿童四肢不协调，打击运动积极性

儿童的运动技能发展水平会限制他们的运动兴趣，如果他们在运动中没有获得成功的体验，他们会失去对运动的兴趣。运动技能的发展与感觉统合能力密切相关。感觉统合，是指大脑把身体各种感觉器官传递来的感觉信息进行多次的组织分析、综合处理，作出正确决策，使整个机体和谐有效地运作的一种能力。通俗来讲就是大脑的整体工作能力。感觉统合能力可以在运动中培养。动起来，儿童的本体感觉、注意力分配能力这些支持大脑工作的核心能力就会得到锻炼。例如，跳绳需要手、眼、脚的密切配合，对感觉统合能力要求比较高。场景二中星星的感觉协调能力还在发育中，无法快速掌握跳绳这项运动，于是，他很快对跳绳失去了兴趣。成人要帮助他获得一些成功的体验，让他重拾信心和兴趣，比如先练习拉绳子、甩绳子，小步子前进，而不是要求一步到位学会跳绳。

家长忽略了儿童精细动作的发展

儿童的运动发展包括大肢体运动和精细动作。从幼儿期开始，家长非常关注儿童大肢体动作的发展，如爬、走路、跳跃等，却容易忽视儿童精细动作的发展，比如，抓握、使用筷子、翻书、握笔等。完成精细动作，需要儿童手、眼协调，注意力集中。大肢体动作发展和精细动作发展都是大脑发育的重要指标，不可偏废。场景三中溪溪做的手工"邋遢"便是精细动作发展不足导致的，可以通过增强手部肌肉力量，提升控笔能力，以此改善作业的整洁度。

专家建议

跟家长沟通的法宝：打消家长和孩子的"受伤焦虑"

无论是家长还是孩子，最为重视的就是安全。为了让儿童掌握运动经验和技能，享受运动的快乐，家长需要为儿童打造相对安全的运动环境，教会他们基本的自我保护方法，比如：在开始运动前要做好热身准备工作，使得肌肉舒展开，避免剧烈运动造成的肌肉拉伤；在塑胶跑道上跑步时要穿运动鞋，减少对膝关节的损伤；在进行溜冰、滑雪等运动时，要做好四肢和头部的保护；等等。场景一中萌萌因为害怕运动时可能的意外伤害而拒绝体育运动，教师可以建议家长告诉儿童：运动损伤是可以预防的，做好运动防护措施可以有效减少运动伤害。另外，还要告诉儿童应对受伤的方法，比如：如何处理伤口；怀疑骨折了第一时间做什么；感觉自己要摔倒了，身体的哪个部位先落地伤害最小；等等。

解决家长的迷思：重视儿童的感觉统合能力训练

感觉统合是大脑综合工作的能力。大脑功能强大的主要表现是：注意力保持的时间长、注意力集中度高、注意力广度大，可以同时思考或做很多事情以及可以在多个事情之间来回切换。感觉统合能力不仅仅表现在运动方面，儿童的学业表现也与之息息相关。反过来，运动可以促进儿童感觉统合能力的提升。家长可以在孩子婴儿期时培养其感觉统合能力，比如：神经末梢按摩，即家长用手捏揉、抚摸、挠痒痒、挤压等；还可以进行本体感觉体验，训练幼儿的前庭功能，如让宝宝趴在瑜伽球上，家长轻轻地晃动瑜伽球。随着孩子年龄的提高，还可让孩子进行排球、跳绳、跳圈圈这样一些需要手脚并用、灵活机动的运动。

场景二中星星跳绳困难，教师可以建议家长分步骤让孩子进行练习，先单手甩绳，再双手甩绳，然后双脚轮流跳、双脚一起跳，单一动作先熟练掌握，最后把手、脚的动作整合起来，一起完成。跳绳需要手、眼、脚三者的密切配合，完成这个运动既要注意手，又要注意脚，对儿童的注意力分配要求很高。单一动作熟练后，需要的注意力资源减少，对注意力分配的要求会降低，就能提高儿童跳绳的成功率。

运动可以与阅读结合起来。在故事情境中设计运动方式，比如：读了邮递员送信的故事，让小朋友单脚跳去送信；读了与救援有关的故事，请小朋友把皮球拍着送到需要的人手上；等等。

平衡家长的关注点：大肢体运动和精细动作发展并重

在儿童运动发展的过程中，大肢体运动和精细动作的发展需要得到同等的重视，而且从幼儿期就可以培养这两种能力。

精细动作练习主要有轮流往两个杯子里倒水，使用剪刀剪圆形、正方形，用筷子练习夹豆子，涂鸦，堆叠积木等。儿童在完成这些任务的过程中，需要集中注意力，调动自身的肢体与感官，从而提高自身的多感官协调能力。控笔训练是练习运笔，可以增强儿童手部力量，提高专注力，促进视觉发育、大脑发育、手眼协调。场景三中溪溪做手工及写字有困难，这是手部控制能力不足导致的，教师可以建议家长让孩子练习握笔涂鸦，练习手部肌肉对笔的控制，不要着急在幼儿园阶段训练儿童写字。

学龄前儿童的运动不仅仅局限于身体锻炼的运动，日常生活中的铺床叠被、摆放碗筷甚至拖地扫地都可以锻炼儿童的大肢体运动或者精细动作，家长应该让儿童参与到家务劳动中，让儿童在劳动中获得成就感，树立独立意识，变得自信。

孩子怕看医生如何破解

蛀牙是儿童成长过程中极其常见的问题，带孩子看牙是很多家长最头疼的问题之一。除了看牙医，对于打疫苗、体检等保健措施不少儿童也都非常恐惧、非常抗拒。家长该如何缓解儿童的就医恐惧？

案例描述

场景一：苗苗是一名小班的女生，最近她总是喊牙疼，妈妈带她去牙防所检查，医生发现她有两颗蛀牙，建议分两次完成补牙。苗苗非常抗拒补牙，医生和家长用力按住她才勉强完成了一次，之后不管家长如何劝说，苗苗都不肯再去了："我不要去看牙，好痛。"

跟家长沟通时老师发现，从苗苗1岁起，妈妈就每天帮她刷牙，2岁的时候，妈妈带她去涂过一次氟。第一次涂氟，虽然嘴巴里有异物感，让苗苗觉得不舒服，但还是顺利地完成了治疗。这次，苗苗牙齿疼得很突然，补牙时间较长，而且机器发出滋滋滋的声音，让苗苗感到很害怕。

场景二：圆圆是一名中班的男生，他非常抗拒体检。每次体检都非常不配合。"我不去看医生！我不打针！我没生病！"体检时，刚刚到医院门口，圆圆就开始止不住地哭，拼命想挣脱爸爸妈妈逃走。他一看到穿白大褂的医务人员就躲在妈妈身后。医生使用听诊器、压舌板、镊子这些医疗器械时，圆圆第一反应是用手推开，即使医生反复承诺不疼的也没有用。

跟家长沟通时老师发现，圆圆从小就对医院里的消毒水味非常排斥。每次去医院体检都是一场"亲子大战"。妈妈试着提前跟孩子沟通，告诉他："明天要去体检，如果你这次表现好，妈妈给你买你最想要的玩具。"孩子当时是答应得好好的，但是到了医院门口就不配合了。

场景三：琪琪是一名大班的女生，从小就非常害怕打针。她很小的时候，每次打疫苗、打针都要好几个大人按住，才能把针打进去。现在到了大班，每次打针，家长都要追着她满诊室跑，好不容易"捉"住她，还要连哄带骗、连拖带拽地才能把针打完。家长原本以为琪琪随着年龄的增长，她会变得勇敢一些，或者能听进一些道理，但是没想到"打针难"的问题一直没有得到解决。

跟家长沟通时老师发现，琪琪平时比较调皮，家里的老人和保姆在实在没有办法的情况下，会用"你再不听话就要去打针了"这样的话吓唬孩子。尽管父母跟其他看护者多次沟通，但是效果微乎其微。

案例分析

就医恐惧是几乎每个儿童都有的心理状态，其实成年人也有就医恐惧，但是成年人会用理性去克服恐惧。"怕痛"是儿童就医恐惧的重要原因，作为家长需要帮助儿童缓解对疼痛的恐惧。除了就医恐惧，儿童对自己的身体也充满了好奇，家长有责任向儿童解释这个过程，满足他们的好奇心，缓解他们的恐惧心理。

不宜用粗暴的手段逼迫儿童看牙

现在的家长非常注重儿童的口腔健康，从 1 岁甚至更早就帮助幼儿建立良好的洁齿习惯，定期带儿童去医院涂氟。但是在看牙时，尽量不要用过分粗暴的手段，强行把孩子按在治疗椅上。当孩子哭得上气不接下气，用尽全身力气与成人对抗时，医生也不能很好地完成治疗。另一方面，暴力手段很容易给孩子造成一定的心理阴影，看牙往往需要多次完成，如果第一次就让孩子感到强烈的恐惧，会使其产生再也不去诊所了的想法，那将会对后续的治疗造成很大的阻碍。场景一中苗苗看牙时被成人按在治疗椅上，她当时的恐惧和无助可想而知，经过了这么"恐怖"的事情，她对看牙肯定是避之不及，很难再鼓起勇气继续治疗。

提前沟通不仅仅是讲条件

面对孩子不愿意就医，很多家长有与儿童提前沟通的意识，但是沟通的内容不充分。场景二中圆圆的妈妈想到的是"讲条件、给承诺"，孩子在没有到达医院的时候，为了玩具会爽快地答应，但是就医恐惧并没有得到缓解。到了医院，面对不喜欢的气味、周围小朋友的哭闹等负面的环境因素，很快就会觉得恐惧，之前的承诺早就被孩子抛到九霄云外。在医院的时候，对孩子而言，尽快逃离不喜欢的环境远比得到心爱的玩具更为迫切和重要。

不要用看病、打针恐吓儿童

很多家长在无法控制孩子的时候，会用孩子最害怕的人或者事来吓唬他。这样做短期效果不错，孩子马上就听话了，但是副作用明显。比如，场景三中琪琪的家人用打针吓唬孩子，孩子会产生就医恐惧，不利于保健；有的家长会用警察吓唬孩子，警察在孩子的印象里就会是"可怕的人"，那么当危险来临的时候，儿童很可能不敢向警察求救，错过脱离危险的良机。

专家建议

从小做好牙齿保洁，看牙遵循"循序渐进"

父母要尽早地帮助儿童建立洁齿意识。在儿童满周岁前，父母需要用婴幼儿洁牙湿巾帮助宝宝清洁牙齿，然后逐渐过渡到使用牙刷刷牙，一定要教会儿童使用牙线棒，并且定期到牙科涂氟，预防蛀牙。

在看牙之前，家长可以通过和儿童共读《鳄鱼怕怕，牙医怕怕》《牙齿大街的新鲜事》等与牙齿有关的绘本，让儿童提前了解牙齿，了解牙齿会遇到的问题、看牙的经过，消除看牙医的顾虑和恐惧。儿童在第一次涂氟、第一次补牙或者拔牙的时候，不要操之过急。第一次不一定要进行实际的治疗，可以仅仅去熟悉环境、熟悉牙科医生，等第二次再进行实际的治疗。即便孩子不配合，家长也不能采取"捆绑式"的粗暴手段。家长可以带一条小毯子，在看牙前，先把孩子裹在毯子里，限制他的动作幅度，同时增加他的安全感。

用沉浸式体验消除就医恐惧

在就医之前，家长可以主动告诉儿童即将经历的就医过程。当孩子问"疼不疼"时，如果是没有痛感的检查，家长可以斩钉截铁地向孩子保证"不疼"。如果是打针、补牙等有痛感的治疗，可以把治疗过程表演出来，让儿童扮演医生，家长扮演病人，由儿童扮演的医生来帮助、安慰"病人"。儿童在角色扮演中完成了心理建设，预知了即将承受的疼痛，又在安慰"病人"的过程中认可了"疼痛很快会过去"的理念，表面看是儿童在安慰别人，实际上是儿童对自己的安慰和鼓励。

部分儿童在就医之后，会用角色扮演的方式重现就医过程。比如有的孩子在配完眼镜之后，会用"雪花片"积木模拟眼科的各种镜片；有的孩子会用玩具听诊器给自己的玩具听诊；有的孩子会用玩具针筒给家人打针，家长应该积极配合儿童的角色扮演。角色扮演的过程有利于帮助儿童消除就医恐惧。

家长可以鼓励儿童积极参与各类医学科普活动。这类活动可以让儿童在自然的情境下学习基本的医疗常识和急救知识。有些医院会在院内开展面向儿童的医疗科普活动，这是一个让儿童了解医院的好机会，这种沉浸式的科普，让儿童对医院、医务人员、医疗设备产生熟悉感，有利于消除就医恐惧。

家长的就医过程可以为儿童提供观察学习的情境

不仅儿童有就医、体检的需求，家长也有。家长可以把自己看牙、体检，甚至打疫苗的经历跟孩子分享，告诉孩子自己是如何克服恐惧的。如果有条件的话，家长在体检或者进行简单的医疗行为时，可以带着孩子一起，让孩子在旁边观察。比如：妈妈带着女生体检，爸爸带着男生体检。在体检之前，告诉儿童："体检是为了确认身体健康，及时地发现身体上的一些小问题，尽早治疗。爸爸或者妈妈体检要检查很多项目，你全程就在旁边看着。"除此之外，还可以给孩子布置帮爸爸妈妈拎包、看东西等任务。家长要用自己的行动告诉孩子，体检是一件正常的、对自己有益的事情，关键是体检并不可怕。儿童在观察学习中，肯定会有一些问题。家长需要及时回应，在亲子沟通中，家长能很快地发现儿童的疑惑点、恐惧点，及时地帮助儿童消除疑虑和恐惧。

儿童经过了观察学习之后，他就会对体检的流程、体检的环境有一定的熟悉感，当他自己需要体检的时候，就不那么抗拒了。如果儿童依然有顾虑，家长可以帮助孩子回忆之前看到的父母体检的场景："上次你陪爸爸妈妈去体检的时候，你看到爸爸妈妈也检查了身体的这个部位，很快就好了。爸爸妈妈告诉过你，一点也不痛，对吗？"

孩子对"性"感兴趣，怎么引导

性教育在中国家庭中是一个难以启齿的问题。家长们对此讳莫如深，但是儿童在电视剧中会看到男女主角拥吻的画面、女性内衣的广告，甚至是计生用品的广告。这些都会引发他们对自己的身体、异性的身体的好奇，促使他们去关注两性关系。当儿童带着与性别、性有关的话题来询问家长的时候，家长应该如何应对？如何帮助儿童树立正确的性别观念？如何帮助孩子建立两性相处的边界感？

案例描述

场景一：球球是一名小班的男生，过年时回老家，他跟隔壁家女生婷婷玩得很开心。晚上他跟妈妈说："妈妈，你给我留辫子吧，我要扎辫子！婷婷那样的。"妈妈说："女生才扎辫子啊，你是男生，不扎辫子。"球球说："你怎么知道我不是女生，我就是女生！"妈妈说："你站着尿尿的啊！"球球说："婷婷坐着吗？我也可以坐着啊！"妈妈一时不知如何回答。过了一会，球球又说："那让婷婷站着尿。"

在老师家访时，家长提出了这个困惑，不知道该如何让孩子明确自己的性别。家长既希望球球能够清楚地认识到自己的性别，又怕他会冒犯到别的女生。

场景二：小文是一名中班的男生，在幼儿园坐在小凳子上，听老师讲话时，小文总会习惯性地把手伸进裤子里，放在裤裆处。老师发现后，让小文把手从裤子里拿出来放在腿上。但是过了一会，小文的手又塞进裤子里去了。

老师在与小文家长的联系中了解到，小文在家里坐着看动画片的时候，手有时也会塞进裤子里去，爸爸妈妈觉得没什么，没有特意阻止他。

场景三：玫玫是一名大班的女生，有一天她在跟小伙伴玩"过家家"的游戏，他们扮演的是大肚子妈妈生宝宝的过程。玫玫躺在床上，肚子里塞了个枕头。小伙伴扮演家人，过了一会，小伙伴抱起一个布娃娃，表示"宝宝"终于"出生"了。

前几天看电视剧，里面有分娩的场景，当时玫玫问妈妈："你生我的时候，肚子也很痛吗？"妈妈说："是啊，所有妈妈生宝宝，都会肚子痛。"玫玫妈妈没有想到电视剧中的分娩场景给女儿留下了这么深刻的印象，她竟然在玩"过家家"的时候和小伙伴演了出来。妈妈给玫玫讲过她出生的故事，听完故事，玫玫问："妈妈，你说我是从你肚子里出来的，那么我是怎么进去的呢？"玫玫妈妈一时不知道怎么回答，敷衍说："妈妈要去做晚饭了，有时间再告诉你。"玫玫妈妈一直不知道怎么回答孩子这个问题，她怕孩子再问，于是向老师请教该怎么回答。

案例分析

球球、小文和玫玫遇到的问题都是涉及"性"的问题。在学龄前阶段，儿童对自己生命的起源充满好奇，也不知道两性的差异有哪些表现。家长在回应儿童的疑问之前，先要打消自己的顾虑。

家长不要对有关"性"的话题避之不及

"性"是人类生理上的固有特征，无法回避，也没有必要回避。家长需要用一种大方、坦荡、有分寸的方式跟儿童沟通这个话题。场景一中球球的妈妈不知道如何给孩子解释男生和女生身体上的差异，场景三中玫玫的妈妈不知道如何回答"妈妈，我是怎么进入到你肚子里的？"这类问题，于是开始敷衍孩子。还有的家长会说："这个问题等你长大就知道了。"以此来搪塞孩子。但家长越是支支吾吾、语焉不详，儿童就越迷茫、越困惑。家长需要给儿童提供一个正确、简洁的答案，不需要像生理课上讲得那么全面、深入。

家长要了解孩子对于性别的认知发展

儿童早期性教育必须遵循儿童的年龄、心理特征、认知水平等发展状况，因此家长需要先了解孩子的性别认知发展水平。性别角色的认知是一个漫长的过程。首先，幼儿能够基于穿着打扮对自己和他人的性别给予准确的辨别，这时幼儿拥有了基本的性别认同；其次，幼儿认识到人的性别是一生稳定不变的，即进入性别稳定期，但这一时期的性别认知可能会随个体的外在特征变化而变化，如男生戴上长的假发，幼儿就会认为这是女生；最后，无论外表如何变化，幼儿也能够意识到人的性别是不变的，即性别恒常性。如场景一中，球球原先知道自己是男生，但因为想扎辫子，又觉得自己可以是女生，他显然没有意识到人的性别是不会改变的，没有达到性别恒常性的认知水平。

家长要正视和重视儿童早期的性教育

科学的性教育不仅包括生理卫生方面的基础知识，还强调端正儿童对两性的态度，它关系着儿童的身心健康发展，关系着整个家庭的稳定与幸福，关系着全社会的文明与进步。

随着社会经济的发展和生活水平的提高，当代儿童的性生理普遍早熟，而大量的社会传媒信息也会刺激着孩子的性认知。在目前这个信息爆炸的时代，如果家长不提前给孩子树立正确的性别观念，那鱼龙混杂的社交媒体信息就可能误导孩子的性认知。因此，家长要树立正确的儿童早期性教育观念，不仅不能回避有关"性"的问题，还应当主动找机会对孩子进行科学的性教育。

专家建议

从小树立"男女有别"的性别意识

"我是男生""我是女生"，儿童在很小的时候就会形成性别意识。这只是第一步，接下来，老师可以建议家长告诉孩子：男生的身体和女生的身体有哪些不同。因为这些不同，所以男生和女生在行为上也有差异，比如"男生是站着小便的，女生是坐着或者蹲着小便的"等等。

从小建立身体的边界感

在认识到男生和女生身体上的不同之后，老师可以建议家长告诉孩子，有一些身体上的小秘密只有自己能知道，不能告诉别人，即使是非常好的朋友也不行；男生和女生要分开洗澡、上厕所，洗澡、上厕所要关门，洗澡之后把衣服穿好才能走出浴室，防止感冒的同时，还能保护自己的身体不被别人看、摸；不可以看别人身体的隐私部位，比如胸部、屁股、生殖器官等等，如果有人摸了或者偷看了自己的这些隐私部位，要当场表达抗议，并告诉老师和家长。

一般而言，儿童从 3 岁开始就产生了朦胧的性别意识，因此，老师可以建议家长，从 3 岁开始，爸爸就不要帮女儿洗澡，同样的，妈妈也不要帮儿子洗澡，避免异性家长带睡。6 岁之后，爸爸与女儿之间的亲吻、拥抱等亲密的身体接触要尽量避免，妈妈与儿子之间的身体亲密接触也要尽量减少。家长要用实际行动告诉儿童：注意保持异性之间身体的边界感。

大大方方地告诉孩子他/她出生的故事

当孩子来问家长"我从哪里来？"时，家长最"经典"的回答是："你是爸爸从垃圾堆里捡回来的。"这种回答会让孩子产生一种"被抛弃感"。家长应该直接回答孩子："你是从妈妈肚子里生出来的。"然后跟孩子讲讲出生那天发生的事情。如果孩子接着问："我是怎么进到妈妈肚子里的呢？"家长可以借助绘本，如《小威向前冲》《菲菲出生了》《谢谢妈妈》等，这些绘本讲述了生命孕育的故事，画面精美，故事温馨，把自然的生育过程呈现给孩子，尺度把握也恰到好处。

现在很多家庭有二宝，大宝就有机会看到妈妈怀宝宝的过程。他们会看到妈妈的肚子慢慢变大，甚至会感受到小宝宝在妈妈肚子里的胎动，可以听到胎心的跳动，还可以陪妈妈去医院生宝宝。家长可以告诉大宝："你在妈妈肚子里也是这样慢慢长大，然后出生的。"

2

家庭与亲子
关系篇

如何抚慰单亲家庭孩子的心

在一些单亲家庭中，家长在独自抚养孩子时，常常会产生一些负面情绪，有时难免影响到孩子。老师该如何引导家长，帮助儿童正确面对单亲家庭的事实呢？

案例描述

场景一：麦麦是一名小班的男生，他一双大大的眼睛，静静地观察着四周。老师和他说话时，他显得有些不安，扭着身子，眼神开始躲闪。午睡时，老师照例检查大家的被子是否盖好，走过麦麦的床，发现麦麦安静地躺着，不发出声音也不哭闹，只是睁着大眼睛四处看，眼神看上去有些警觉。老师一开始以为麦麦只是今天不困，就让他自己慢慢地入睡。可老师连续观察了几天，发现麦麦都是睁着眼睛不睡觉，哪怕他很困，眼皮都要合上了，他还是会强撑着让自己醒来。老师拍拍他，告诉他："麦麦，现在是午睡时间，你困了就睡吧。"麦麦看着老师摇了摇头。老师问他为什么不愿意睡觉，他回答说："妈妈走了。"

老师跟家长沟通时，得知麦麦妈妈和爸爸离婚了，妈妈是在麦麦睡午觉时离开的，自此之后麦麦没再见过妈妈。麦麦是由奶奶接送的，奶奶说："他妈妈不提也罢。孩子在家哭着问妈妈去哪儿了，被他爸爸训了一顿，孩子也乖，不问了。"

场景二：可可是一名中班的女生，她乖巧懂事，开朗可爱，小朋友们都很喜欢她。最近，她变得不爱说话了。大部分时间，她都自己一个人安静地坐在椅子上，什么都不做，默默地看着教室。曾经一起玩耍的小朋友来找她，她也不理睬；小朋友拉她的手，摇她的胳膊，她把小朋友推开。大家一起做集体活动的时候，她也一个人坐在角落里，有时玩玩手指，有时扭扭脚踝，有时想要往教室外走，不愿意和大家一起玩。老师问她不愿意参加活动的原因，她说："好吵啊！"

老师跟家长沟通时，发现虽然可可的父母离婚了，但双方长辈的"抢孩子大战"依旧延续着。可可在妈妈家时，奶奶会突然上门把可可带走；可可在爸爸家时，妈妈会打电话来联系可可，爸爸妈妈总会发生争执。可可被大人们拖来拽去，不是在哭，就是低着头站在一边。

场景三：小海是一名大班的男生，他聪明伶俐，有时有些调皮，常常和其他小朋友"打"成一片。尽管他喜欢恶作剧，但都没有恶意，实在玩得过火了，也能听从老师的建议，及时道歉和弥补。在一次集体活动中，坐在他旁边的小朋友不小心碰到了他的胳膊，他站起来就对着小朋友打了一拳。老师一开始以为他偶然一次情绪不好，对他进行了教导。可第二天，一个小朋友高兴地向大家展示他的玩具小汽车，说是爸爸新买的，小海冲到小朋友面前，推了他一把，还把小汽车扔在了地上。老师告诉小海，伤害小朋友的身体是不对的，弄坏别人的物品也是不行的。小海挣脱开老师，瞪着眼睛，朝老师大喊："我讨厌小汽车！我讨厌爸爸！"

老师跟家长沟通时，得知小海的父亲意外去世了，家里的大人都瞒着小海。以前，小海最爱和爸爸一起玩小汽车游戏。现在，妈妈买了很多玩具补偿小海，对他说："爸爸出差了，去赚钱给你买玩具了，你看，这些都是爸爸给你买的。"

案例分析

上述麦麦、可可和小海的场景都体现了单亲家庭教育的问题。单亲家庭指儿童只跟随父亲或者只跟随母亲的家庭。单亲家庭有很多种类型：父母离婚导致的单亲家庭，父母一方死亡导致的单亲家庭，跟随老人的单亲家庭等。由于家庭结构不完整，儿童的学习、品行、心理、社交等方面出现问题的概率相对较高。

童年是儿童性格、人生观、价值观形成的重要时期，如果此时家庭出现变故，又没有得到正确的引导，儿童常常会产生一些心理问题，直接影响他们的学习和生活。教师想要通过家庭教育指导家长帮助儿童将单亲家庭带给他们的不良影响降到最低，使儿童能快乐生活、茁壮成长，需要先了解单亲家庭中儿童的心理变化，儿童的应对方式和外部表现，以及父母通常使用的应对方式。

了解单亲家庭中儿童心理发生的变化

有时儿童未必知道具体发生了什么事情，但他们能很快捕捉到父母情绪的变化，感知到日常生活已经悄然改变了，他们的心理也会产生一些变化。场景一中的麦麦最开始会以为妈妈只是外出一下，但他询问爸爸后不仅没得到答案，还被爸爸训斥了一顿。随着时间的推移，他渐渐明白母亲是在他午睡时离开了，不知道什么时候才能回来。他心里一边因为妈妈的离开难过，一边责怪自己不该午睡，把妈妈离开归因到自己身上，以维护妈妈在自己心中的形象。场景二中的可可不明白父母为什么争吵，为什么她去了一方那里，另一方会不高兴，她感到茫然无措，想要逃避。时间久了，她对类似的情况表现出漠然，这不是因为她成长了、释怀了，而是因为她不知如何处理，只能把痛苦压抑到内心深处，但这种痛苦不会消失，反而会在某个时刻更强烈地表现出来。场景三中的小海一开始会相信妈妈的话，但当妈妈试图用玩具弥补小海的时候，小海会意识到玩具是个幌子，他把怨气指向玩具，母亲急于在物质方面弥补小海，反而提醒了小海，他的父亲不在身边，小海内心更加痛苦。

读懂单亲家庭中儿童的"行为语言"更重要

儿童在家庭发生变故后，可能会出现自卑、自闭、胆怯、焦虑等问题，也可能会出现与人相处缺乏热情、对事漠不关心、不愿意与人交流、有攻击性行为等外化问题。很多家长都认为孩子只要不说，就代表孩子没事，甚至有些家长认为孩子不说是一件好事，代表他懂事、听话。其实，儿童是在使用行为表露自己的想法，他们也在用小小的行为对抗着内心的不安和困惑。比如，场景一中的麦麦不在家中提起母亲，可他会在午睡时间强迫自己不睡，这代表他对母亲的离开感到自责和委屈。场景二中的可可在家中任凭父母双方拉扯，只会默默流泪，可她会拒绝同伴的靠近、拒绝参加集体活动，这代表她已经对周围的环境和人产生不信任感，她感到害怕和茫然。场景三中的小海在小伙伴展示父亲赠送的小汽车时，爆发了自己的情绪，他用推倒小伙伴、扔掉小汽车的方式表达着自己的愤怒和反抗。

明确绝口不提、指责埋怨、过度补偿都不是好方法

有些家长认为孩子还小，他们无法承受强烈的痛苦，对于分离和死亡这样严肃的话题能不提就不提。这种"绝口不提"型的处理方式只会让儿童压抑自己内心的想法和情绪，他们无法感知自己的情绪，也没有学会识别和控制情绪，更不能合理地调节情绪，往往会用不当的方式来对抗不安、焦虑等情绪。场景一中麦麦的父亲就选择了这种方式，甚至强行使儿童压抑自己的情绪，导致麦麦在行为上出现了敏感、退缩等问题。有些家长认为当前的局面都是另一方造成的，他们会在儿童面前埋怨、批评、指责、贬低另一方，这让儿童感到矛盾和怀疑，他们不知道该相信谁，也会感到无措和迷茫，时常想要逃避。场景二中可可父母之间的争吵和互相拉扯，让可可产生了社交

退缩的问题，她害怕遇到自己无法面对的人际问题，导致不愿意与人交流。还有些家长认为自己有责任承担起儿童缺失的那部分爱，这种"过度弥补"会使儿童反感，也容易使儿童形成自私、任性等性格缺点。场景三中小海的母亲选择用小海和父亲之间的"信物"——小汽车来弥补小海，小海将所有情绪都转移到"小汽车"上，导致了情绪爆发。

专家建议

改变父母的认知：闭口不谈不是办法，找个时机好好说说

单亲家庭的父母有时会很害怕孩子问："爸爸去哪儿了？""妈妈不要我了吗？"他们会暗自庆幸孩子不再提问了，因为他们不知道该怎么回答孩子；他们也会暗自担心孩子是不是受到了影响，但他们不知道怎么开口问孩子。对于场景一中的麦麦，首先，老师可以把观察到的孩子的外部表现反馈给家长，老师可以跟麦麦的父亲说："麦麦现在都不午睡了，因为他觉得妈妈的离开是自己午睡造成的。"其次，老师教给家长一些新的认知："麦麦不再问妈妈去哪儿了，不是他忘记了妈妈，麦麦永远不会忘记妈妈的，妈妈的离开会成为麦麦心中永远的痛。""家长用教训的方式让麦麦不敢再问，只会让麦麦更加厌恶自己，他会认为是自己睡着了才没能阻止妈妈离开。""闭口不谈只会让麦麦胡思乱想。"再者，老师可以引导家长关注孩子的内心："你也一定担心麦麦吧！""麦麦没有妈妈陪着，他很需要爸爸的陪伴。""问问孩子的想法吧，麦麦一定很想告诉你，他很爱妈妈，也很爱爸爸！""哪怕麦麦一时间无法说出什么，但他能放下心中的包袱也是好事。而且他会感受到爸爸对他的爱和关心，对他的成长是很有好处的。"

调节父母的情绪：用肢体接触治愈彼此

在单亲家庭中，大部分父母自身受到了事件和情绪的双重伤害，会将

这种伤害在有意无意中传递给儿童，使得亲子都沉浸在痛苦之中。老师可以先提醒家长对孩子情绪和行为进行关注，通过将关注点转移到孩子身上，让家长从自身的情绪中走出来。比如，老师可以对场景二中可可的家长说："可可是个可爱的女生，当你们在争吵的时候，你们有观察可可的表情吗？她是害怕、悲伤，还是无所适从呢？""可可最近都不和小朋友玩了，当其他小朋友玩的时候，她会一个人站在旁边，嫌小朋友们吵闹。"当家长关注到孩子的情绪和表现后，老师可以进一步提出调节亲子双方情绪的小妙招："你们都想要争夺可可，你们一定都很爱可可。可是，你们的争吵只会让可可感到害怕。""你们看到可可一个人站在角落里流眼泪，难道不想去抱抱她吗？""即使争吵不可避免，也可以及时给可可一个抱抱，告诉她爸爸妈妈都很爱她。""晚上睡觉时，也可以抱着可可，轻轻地抚摸她，用语言和行动让可可知道父母的关系不好，不是可可的错，不管父母的关系如何，父母都会永远爱可可。"相信家长在用肢体接触关心和爱护孩子的时候，也会感受到孩子对家长的爱和支持，双方能够互相治愈。

转变父母的行为：陪伴儿童找到情绪出口

有些家长会用自己的方式爱着孩子，但往往事与愿违，儿童未必能感受到家长的用心，还会做出一些过激行为，伤了家长的心。这或许是因为家长没有真正地理解儿童的需求，为儿童找到合适的情绪出口。场景三中小海的母亲就用错了方式。老师可以先跟家长说："小海想要的不是玩具，也不是母亲代替父亲给他的爱，而是一个事实。真诚的力量能让小海有勇气去面对现实，也会让小海好好珍惜母亲的爱，在心中珍藏父亲给他的爱。"再引导家长，借助一些事物，如玩偶、绘本、节日、电影等，通过隐喻的方式，了解并解开小海的心结。比如，这样和孩子说："宝宝，今天的故事里有一个男生，他最喜欢和爸爸一起玩了。他们总会在周末一起到沙漠探险、一起潜到海底捉鱼……他们一起做了好多好多事情，可是有一天爸爸在工作的时候受了重伤，尽管爸爸很想继续陪男生玩，看着他长大，但他用尽了所有的力气，最终还是离开了男生和妈妈。你猜，后来怎么样了？"家长可以通过这样的方式了解儿童对父亲离开的真实想法，也给儿童一个合理的情绪出口。

谁说二孩是"不速之客"

随着二孩、三孩政策的实施，许多家庭都迎来了新成员的加入，头胎儿童升级为了哥哥姐姐，家庭结构改变带来的"问题"也逐渐显现。老师该如何引导家长，使儿童获得充足的安全感，顺利接纳弟弟妹妹呢?

案例描述

场景一：童童是一名小班的男生，在幼儿园的第一学期，童童很快适应了幼儿园的生活，在平时的活动中都表现得非常积极主动。但第二学期开学一段时间后，老师发现童童总是闷闷不乐的，低着小脑袋不说话。老师问童童："童童，你最近看起来不太开心，你愿意和老师说一说吗?"经过几次询问，童童终于说出了原因。原来童童的妈妈今年怀上了小宝宝，妈妈总是担心肚子里的小宝宝，不再像以前一样陪着童童跑跑跳跳、一起做游戏了，陪童童的时间也少了，童童觉得妈妈好像被"抢"走了，他不想要弟弟妹妹。

老师和童童妈妈沟通时，童童妈妈也觉得童童最近兴致不是很高，可能和自己怀二宝有关系，但是不知道该怎样和他沟通，妈妈自己也很苦恼。

场景二：小静是一名乖巧机灵的女生，在幼儿园里会主动帮助别的小朋友，在家里也是爸爸妈妈的得力小帮手。有天傍晚放学的时候，接孩子的家长中迟迟不见小静爸爸妈妈的身影，老师便将小静带回了教室中，陪着小静等爸爸妈妈。小静等着等着却流起了眼泪，老师赶忙问小静发生了什么事情，小静哭哭啼啼地说："爸爸妈妈是不是真的不要我了？"说完哭得更大声了。老师问小静："为什么这么说呢？"小静边哭边说："他们告诉我，有了弟弟，爸爸妈妈就不要我了。妈妈只爱弟弟！"老师赶忙安抚小静。

当天老师和小静妈妈进行了沟通，小静妈妈说自从家里有了老二，亲戚或者熟人经常和小静"开玩笑"，和小静说："有了弟弟就不要你了。你要让着弟弟，不然爸爸妈妈就生气了。"每当这个时候，小静妈妈会和他们说："不要和孩子开这种玩笑，孩子会当真的！"他们却笑笑说："和孩子开个玩笑嘛，还当真了。逗逗孩子而已。"小静妈妈也不好驳了他们的面子，只能默默带着孩子走开。

场景三：小文已经是大班的小朋友了，因为小文在幼儿园比较适应，自理能力也比较强，所以小文妈妈和老师联系得不是很多。可是自从小文上了大班，小文妈妈却开始频繁地向老师了解小文在幼儿园的生活情况，比如小文吃饭怎么样，能不能自己乖乖吃饭，能不能自己睡午觉……

老师和小文妈妈进行了沟通，小文妈妈告诉老师小文自从上了大班反而开始缠着妈妈了，比如，小文可以自己吃饭，却总要求妈妈喂他吃，否则就哭闹着不肯吃；小文中班时晚上可以自己睡觉，现在却总要求妈妈陪着、哄着睡。经过进一步沟通，老师发现小文的弟弟正处在要妈妈哄着、抱着的阶段，妈妈觉得小文已经可以独立完成一些事情了，所以把更多关注放在了弟弟身上，对小文有所忽视。

案例分析

上述童童、小静、小文的表现，都是由于家庭中二孩的出现引起的。家庭中即将出现，或者已经出现二孩、三孩都使原先的家庭结构有所改变，头胎儿童在原先家庭的中心地位被打破，家庭关系中同胞关系开始出现。同胞关系在个体的发展中具有重要作用，头胎儿童对弟弟妹妹的接纳程度不仅会对自身发展产生影响，也会对整个家庭产生影响。

头胎儿童对弟弟妹妹的接纳，即同胞接纳或手足接纳，是指家庭中长子女对二孩的到来在情感与行为等方面都表现出积极的态度。具体来说，具有良好同胞接纳的儿童会对弟弟妹妹的到来感到愉快和欢喜，在行为上也没有排斥二孩的行为表现。但研究发现，大部分头胎儿童的同胞接纳都存在问题。教师想要通过家庭教育指导让头胎儿童顺利接纳二孩，缓解他们的心理压力和心理威胁，首先需要了解儿童同胞接纳不良的原因。

儿童的社会认知能力较弱

社会认知能力主要是一种后天习得的能力，可塑性较强。处于幼儿园阶段的儿童尚未接受足够的教育，所以儿童的社会认知能力较弱。许多研究表明，年龄较大的儿童具有较强的社会认知能力，能认识到家庭中的变化，顺利接纳二孩。场景一中的童童年龄较小，还不能较好地理解和接纳要和弟弟妹妹"分享"妈妈的事实，同时该年龄阶段儿童的思维具有自我中心性，不能从客观的角度看待问题，所以童童会觉得妈妈被"抢"走了，对二孩的到来也比较抗拒。

家长身边亲朋好友的不当言论导致儿童的焦虑

当家长们聚在一起，谈论的话题总和儿童脱不了关系，每每这时，总会有一些大人打着开玩笑的名义和儿童说一些不恰当的话。就像场景二中小静家中的亲戚和熟人那样，随意对儿童做出评价、用言辞来"威胁"儿童。儿童不能理解大人们为什么要说这些话，但不安的种子会在儿童的心中扎根，让儿童产生紧张和不安全感，并且将这些负面的情绪转移到弟弟或妹妹身上，排斥爸妈生二孩或者影响正常的同伴交往。场景二中面对会跟小静"开玩笑"的亲戚朋友，小静妈妈虽然也觉得他们的言辞不当，但是碍于面子并没有反驳，也没有给小静及时的关注和足够的安全感，以至于小静心中的疑虑和不安一直存在。

亲子关系的变化使儿童产生不安

二孩出生以后，家长会因为二孩的生理需求而将关注点更多放在二孩身上，自然而然会减少对头胎儿童的关注。头胎儿童认为只要表现得像弟弟妹妹一样，就会引起家长的关注，因此儿童会选择用"争宠"的方式来让父母看到自己。有的儿童出现了退行行为，像场景三中的小文一样，要妈妈喂吃饭、哄睡觉，以这种方式来获得妈妈"宠爱"；也有一些儿童会表现得非常出色，以吸引家长的关注；还有的儿童会出现身体上的不适，让父母照顾生病的自己，将父母的关注点转移到自己身上。

专家建议

提醒家长给儿童充足的爱，并帮助儿童进行心理建设

当陌生的弟弟妹妹闯入儿童的世界，儿童的内心是恐惧、不安的，害怕弟弟妹妹分走爸爸妈妈的爱，害怕自己会被冷落和忽视。如果儿童有 100 颗糖，他怎么会吝啬分享？而如果儿童只有一颗糖，又怎么要求他大方？所以家长要首先给头胎儿童充足的爱，让儿童有分享的"底气"；然后告诉儿童，弟弟妹妹的到来是多一个人来爱你；还可以用二孩的名义为头胎儿童准备一份礼物，告诉儿童这是弟弟妹妹给你的"见面礼"；同时，可以跟头胎儿童强调，你是不能被超越和取代的，你永远比弟弟妹妹要更早认识爸爸妈妈；也可以和儿童畅想有了弟弟妹妹之后的生活，给儿童一个积极的心理预期，提高儿童的期待感；还要在有了二孩之后满足头胎作为老大的自豪感，让其感受到如果弟弟妹妹来到家里，他将和父母一起承担起照顾二孩的责任。

教家长巧用绘本故事，解决儿童困惑

儿童内心是敏感脆弱的，家长很难用讲道理的方式让儿童明白自己的良苦用心。但在亲子绘本阅读的过程中，家长可以用儿童喜欢的形式、儿童听得懂的语言告诉儿童，其他小朋友在弟弟妹妹到来后的经历，让儿童寻找到"知音"。比如绘本《彼得的椅子》讲述了自从妈妈生了小妹妹，爸爸便把彼得过去用过的东西全部漆成了粉红色，彼得觉得被冷落了，于是他带着自己的小椅子"离家出走"。当他想坐进小椅子时，发现自己已经长大，坐不进去了，于是他带着小椅子回家了，还跟着爸爸一起把小椅子漆成粉红色的故事。绘本《我的妹妹是跟屁虫》以哥哥的视角诉说了妹妹是多么"烦人"，娓娓道出了兄妹间相处的真实情况。通过绘本阅读，儿童的情绪在阅读中得到释放，在感受情绪的过程中体会成长；父母也通过阅读提高了与儿童的沟通和交流的效果，及时感受儿童的情绪情感，解开儿童的"心结"。

告诉家长做儿童的后盾，给足儿童安全感

家长是儿童最坚强的后盾，当面对别人的玩笑时，家长要第一时间表达自己的态度。比如，当有人和儿童说"有了弟弟妹妹就不要你了"时，家长应该问问儿童的想法，了解儿童的感受，并告诉儿童："爸爸妈妈当然是爱你的，如果你觉得不是这样的，有什么想法，要告诉爸爸妈妈，我们好好聊一聊。"以此来打消儿童的疑虑。当有人打着开玩笑的名义逗弄孩子"爸爸妈妈不喜欢你了"时，家长可以当面告诉孩子："这个奶奶跟你开玩笑的，我们很爱你的。"还可以更直白地对孩子说："这个奶奶说的话，我觉得不对。妈妈今天早上抱你的时候，心里觉得特别特别爱你。"让儿童感受到爸爸妈妈的态度，感受到足够的安全和温暖，而不是像场景二中小静的妈妈一样，碍于面子的问题默默带着小静离开。

教家长适当示弱，使儿童获得参与感

家长总会觉得儿童本身年纪小，什么事情都干不好，对于二孩的事情亲力亲为，即使有时老大想参与，家长也总会说："看看你，在这净给我添乱。""你这样做不对，万一伤着弟弟怎么办，你去自己玩去吧！"同胞之间的感情也是需要培养的，当大宝还不会表达自己的情感、需求时该怎么办呢？家长要学会适当示弱，让大宝参与到二宝的成长之中，即使只做一些简单的小事，比如给小宝拿个奶瓶、帮忙拿个尿布给小宝等，还要告诉大宝："你小的时候，爸爸妈妈就是这么给你冲奶的哦，你来看。""你小时候，都是爸爸拿尿布给你换的。"让大宝感受到小宝宝需要细致的照料，也会让大宝认为爸爸妈妈需要自己帮忙一起照顾小宝宝，让他感受到自己的价值，并在参与的过程中逐渐培养同胞之间的感情。

让祖辈成为育儿的最佳盟友

祖辈育孙是当下家庭幼儿教育的常态。爷爷奶奶、外公外婆的育孙观点往往与学校、教师的教育理念截然不同，老师们该如何与祖辈家长进行沟通呢？

案例描述

场景一：小宇是一名小班的男生，他好奇机灵，但缺乏耐心。随着天气转冷，为了防止冷气进入衣服里，老师开始教小朋友们把上身内衣塞到裤带里面，把肚子包住。多次练习后，小朋友们渐渐学会了，手臂力量和肢体协调性也得到了发展。但是班中的小宇一听到要自己把肚子包住就哭泣，因为他不会，也不愿意动手。他常常说："奶奶说不用，不用包，没关系的！"

老师与奶奶沟通时发现，在家里小宇因为不会把肚子包住而闹脾气，所以奶奶用"肚子不用包住"来安抚孩子。

场景二：小江是一名中班的男生，他活泼好动，时常调皮捣蛋。在小班时，老师就教了小朋友们如何自己吃饭，不要别人喂。自从小江学会了自己吃饭后，坚持了一个学期。没想到暑假后再次回到幼儿园时，小江却哭着闹着不愿意自己吃饭。

老师与家长沟通后发现，暑假两个月中，由小江奶奶照顾孩子。小江奶奶觉得孩子还小，喂他吃饭孩子可以多吃点，于是一直在给小江喂饭。

场景三：曦曦是一名大班的女生，她乖巧内向，容易害羞，性格比较慢热。随着电子通信的快速发展和普及，老师时常通过视频连线与小朋友和家长进行家园互动。一天，老师在与曦曦连线通话时，一旁的外婆不停地催促孩子："你说话呀！跟老师说'你好'！跟老师说说在家里做什么了？说你想老师了……"外婆的话像连珠炮。面对老师的提问，没等孩子回答，外婆都抢先回答了。曦曦只能沉默地坐在一边，羞涩地看着老师，一言不发。

连线结束的时候，外婆跟老师抱怨："老师，您说怎么办，这孩子就是不爱说话。"

案例分析

上述场景中小宇、小江和曦曦的表现体现了祖辈育孙家庭的教育理念与幼儿园老师的教育理念不一致。祖辈们的家庭教育方法常常与幼儿园的教育方式相冲突，这使得家园共育的成效不佳。因此，如何与祖辈良好沟通一直是幼儿园老师们的困扰，相比于与父母沟通，与祖辈沟通教育观点和教育方法更加困难。

想要改变祖辈的教育方式和教育理念，我们先要理解他们的想法。为什么祖辈更溺爱孩子？为什么祖辈会习惯包办孩子生活上的一切？

祖辈的育儿风格，拥有时代的痕迹

不同的时代为人们刻上了不同的烙印，祖辈经历过艰难的生活环境，所以他们对孩子的衣食住行等生活基本条件更加重视，容易重养育而轻教育。如场景二中，小江奶奶小时候生活比较拮据，所以她坚定地认为能吃是福，总担心孩子吃不饱，所以她就希望孩子多吃点，从而不断给小江喂饭。

此外，祖辈群体交流儿童话题时，大多关注孩子的生活照料方面，较少关注孩子的成长发展需求，在这样的群体中，祖辈已有的认知和观念得到不断强化。随着电子设备的发展，现在很多教育信息通过手机、电脑来传递，而祖辈在电子设备的使用上存在一定的困难，所以他们与年轻父母接收的信息是不对等的。群体交流的倾向性和接收信息的相对匮乏，使得祖辈缺少学习科学育儿理论的意识和渠道，从而很难拥有和幼儿园相一致的教育理念。

祖辈代偿心理，导致了溺爱

祖辈在年轻的时候，因为工作和生活条件的限制，可能没能很好地照顾子女。这导致他们很容易产生一种代偿心理，他们会把对子女欠缺的爱全部集中补偿到孙辈身上。但因为他们年轻时并没有太多的教育儿女的经验，所以他们对孩子的疼爱往往会表现为过分关注孩子，对孩子百依百顺，处处迁就孩子，甚至事事代劳，这就容易导致孩子出现任性骄纵、依赖性强、生活自理能力低下等问题。

如场景一中，即便小宇奶奶知道把肚子包住防止透风是科学的方法，也认同穿暖更好，但只要小宇一发脾气，小宇奶奶就会失去原则，无条件地顺着孩子。而小宇奶奶这种溺爱行为给了孩子错误的反馈信号，孩子很容易形成错误的认知观念：只要我发脾气，奶奶就会支持我。孩子形成这种认知后，遇到困难时就更容易发脾气，从而形成恶性循环。

祖辈受年龄局限，教育观念未能与时俱进

祖辈们累积了很多实际操作的育儿经验，但年龄的局限也让祖辈们产生了一定程度的思维固化，让他们不愿意再尝试新的方法，不愿意再接受新知识的输入，也不愿意去采用新理念去操作。老师在与祖辈的沟通中会发现，祖辈的观念更加固执，不易改变。同时在家园沟通中他们也是强势的。"我们以前都是这么过来的，怎么就你们现在要这么麻烦？"祖辈坚信他们的"老办法""土办法"是多年的经验之谈，他们都是在老观念下成长的，所以

他们坚持认为老观念是正确的，执拗地不愿意接触和学习科学的新理论和操作方法。

如场景三中，曦曦外婆抢着替孩子说话，催促孩子，教孩子要说什么内容。曦曦外婆的固有观点认为，老师来家访不能冷场，她想让孩子表现更好，却没想到弄巧成拙了。老师其实想了解的是孩子表达的思维过程，而外婆关注的是孩子表现的结果。曦曦外婆在说话的过程中，干扰了孩子思维和表达的自主性。孩子在学习过程中，除了条件反射、观察模仿，还要通过试误来进行探索。孩子需要通过自主完成一些事情来获得自我效能感和自信心。如果由成人包办一切，久而久之，孩子会不敢主动开口交流，失去了独立自主完成事情的能力和勇气。

专家建议

跟祖辈沟通的诀窍：从孩子的衣食住行聊起

老师在和祖辈沟通时一定要注意换位思考，要考虑到祖辈听到后的感受，考虑到他们想从沟通中获取什么信息。孩子是否吃得饱、穿得暖，这是祖辈最关心的话题，因此和祖辈交流时要从孩子的吃喝等基本生理需求聊起，将孩子的问题重点引向生理层面。如在场景一中，老师可以和小宇奶奶先说明让孩子学会包住肚子的重要性，不包住肚子可能会导致着凉、感冒、肚子疼、肠胃不适等健康问题，并附上例子，如某某小朋友因为没包肚子着凉了，回家后拉肚子，疼了一晚上，以此来增强老人的重视程度。

等逐渐获得祖辈家长的认同感后，老师再继续阐述除了生理健康层面以外的其他成长发展需求。如场景二中，可以向小江奶奶解释孩子自己动手吃饭是对手部精细能力的锻炼，有助于日后的写字、绘画等，同时也有利于儿童养成独立自主做事的好习惯。

指导祖辈家长的关键：给予明确的操作方案

老师和祖辈家长的沟通中，一方面要让他们认同幼儿园的教育观点，另一方面要考虑他们在家庭教育中落实与操作的困难。很多祖辈在沟通时表示理解了老师的意思，但没过几天又按照他们的老办法行事了。这是因为祖辈不知道在新理念下具体应该如何做，几次尝试失败或尝试效果不满意后，又用回了他们的"老办法"。这就需要老师在与祖辈沟通时，给予他们明确的操作方法。

例如，在指导场景三的家长时，老师给出了具体操作步骤：第一，老师在与孩子聊天时，外婆尽量不插话，把时间和机会留给孩子；第二，允许孩子暂时不说话，给予孩子思考和回应的时间；第三，当孩子说话时，家长需要鼓励与配合，给孩子适度的支持与关注。在老师的指导下，外婆开始注意调整自己与孩子的交流方式，把讲话的机会留给孩子。两周后，孩子在和老师交流时明显自信大胆起来。老师通过对家庭中真实生活教育情景做出分析、给予明确的操作方案，不仅让祖辈接受新理念、从中受益，也让家园共育更畅通、更高效。

寻找父母同盟军：让父母与祖辈沟通

因为祖辈家长的思维相对固化，接受新理念较为困难，因此在教育理念方面，老师可以先和孩子父母进行交流。当父母明白了幼儿园和老师的用意，理解了科学的教育理念后，父母回到家中再与祖辈进行沟通，效果可能会比老师直接与祖辈沟通更好。因此，老师可以和祖辈家长聊最基本的生活照料问题，和孩子父母聊教育理念，通过这种方式进行家庭教育指导，更容易取得良好的沟通效果。

孩子总说"不"，这该如何是好

儿童由于自我意识逐渐发展，表现出越来越多的主观能动性，对成人的指导和建议表现出越来越多的选择权。这本来是儿童正常发展的成长阶段，但是，有的儿童表现出了较强的逆反行为，家长表示很是头疼，对于这样的家庭，老师该如何引导呢？

案例描述

场景一：小辰是一名男生，他马上要上小班了。开学之前，老师跟小辰妈妈联系，了解了小辰最近的情况，家长也积极反馈了小辰的各种表现。

刚见到老师的小辰有一点点羞涩，躲在妈妈背后悄悄观察老师。妈妈赶紧使劲把小辰拽出来："快！问老师好！"小辰扭着身子不肯出来，声音很小但很坚定地说："不，我不！"妈妈说："哎！你这孩子，就是不听话！"

场景二：茉莉是一名中班的女生，老师在一次家访中了解到，为了茉莉吃饭，家里人费尽了心思。有很多时候，饭桌上有新的菜品时，爸爸妈妈都会建议茉莉尝一尝，但茉莉就是不肯吃，尝一口都不肯。妈妈只好软硬兼施："你就吃一口，不好吃再给我。""你吃这一口，吃完我带你去买玩具。""你尝一尝呀！不尝我下次不做饭了，反正做了你也不吃。"

有一次，快要吃饭了，茉莉忽然要吃馄饨，可是家里没有馄饨，茉莉就闹:"我不,我就要吃馄饨,就要!"爸爸只好去附近的超市买。

还有很多次,妈妈问茉莉吃不吃饭,茉莉说:"我不吃。"家人就把饭菜吃光了。过了一会,茉莉发现真的没有了,又嚷着:"不行不行,我要吃!没了!再去做啊!"所以,家人不知道茉莉的话该不该信。

场景三:小希是一名大班的男生,出门去玩,他总是吵着要玩具、要零食。妈妈说:"这个太贵了!"爸爸说:"家里不是有同款了吗?"姥姥说:"你玩具多到玩不过来,还要买?买了又不收拾,天天累我!"小希统统不听,他捂着耳朵,大声喊:"我不我不!我要买!"家人不给买小希就不走,每次出门大家都很不愉快。

妈妈抱怨说:"'我不!''不行!'这都成了小希的口头禅了,家里人还没说什么呢,他就先'不行'。他喜欢跟大人对着干,喜欢凡事先说个'不行'。"

孩子们"跟大人对着干"的种种表现,让大人觉得束手无策。家长对孩子软硬兼施,威逼利诱,最后经常是费尽心力还闹得人仰马翻。

针对这种情况,老师该如何进行家庭教育指导呢?

案例分析

儿童为什么会出现逆反心理?老师在对家长进行家庭教育指导前,首先需要了解儿童逆反心理的来源和成因。

儿童的逆反心理是出于自我保护的需要

在场景一里,小辰第一次见到新老师,内心是复杂的,他也许很期待和老师见面,但是他不知道如何表现自己才能获得老师喜欢。也许他还没有做好接纳一个新老师的心理准备，心里有一点紧张和惶恐，所以他表现得有点害羞，有点不知所措。这时候如果妈妈不顾及他的感受，一味地催促他，那么失去妈妈保护的小辰就不得不开启自我保护系统了。"我不！我不！"的口头语言和身体语言，是小辰为自己做的保护罩，在这个保护罩里，小辰是安全的，不被打扰的，可以对抗一切的。

儿童的逆反心理是自我意识发展、争夺自主权的结果

儿童在成长过程中，大约会经历三次"逆反期"，第一次逆反期大约在2—3岁，第二次大约在7—9岁，第三次大约在青春期。在这些时期，儿童的自我意识发展到不同阶段，他们对于生活的自主权有不同的要求。如果家长能够尊重儿童的需求，那么儿童的逆反期就会平缓度过；如果这时家长没有意识到儿童在争夺自主权，而是不停地叮咛、管教孩子，孩子就会变得愈加逆反，最终会导致逆反年龄已过，但孩子的逆反行为不但没有消失，反而愈加严重的情况。在场景二里，妈妈用尽了办法，茉莉都不肯尝试新的菜品。这时候对于茉莉来说"我要自己决定我吃什么"是最符合她争夺自主权的心理的，而不是"妈妈让我吃什么我吃什么"，因此妈妈再怎么劝都达不到理想效果，一味劝说只会起反效果。反效果就是孩子下次也许会用更激烈的方式反抗，如此反复，形成恶性循环。

儿童的逆反心理是对成人规则的抗争

儿童不明白成人制定规则的原因，从他的视角看，会感觉莫名其妙：为什么喜欢的东西不能买？为什么有了同款不能再买一个？为什么我玩得好好的，非要我把玩具收拾起来？而且成人的规则总是张口就来，儿童只能被动接受，这让儿童受到很多限制，于是儿童就用"我不"进行抗争。如果儿童用这种方式抗争成功了，那么下次他还会继续用这种方式抗争。一来二去，儿童就养成了遇到事情先说"我不，我就不！"的习惯。

专家建议

让家长停止以往做法，等待儿童自然反应

既然以往的方法无效，并且容易导致亲子陷入"成人建议—儿童反抗—成人责备—儿童更反抗"的怪圈，那么老师不妨让家长先暂停以往的做法，忍住提出建议的冲动，以静制动，观察儿童的行为，等待儿童自然反应，看看儿童会有什么表现，再做下一步的打算。比如，场景一中，家长要求孩子和老师打招呼，孩子不想做，家长感到很尴尬，然后责怪孩子不听话。遇到孩子不熟悉的人，家长总是要求孩子主动问好，孩子不配合就责怪，孩子听到责怪会产生愤怒或内疚的情绪，反抗会更加严重，而且会给孩子建立不良的联结——见到不熟悉的人就会被批评。如果要打破这种联结和怪圈，首先需要家长停止以往做法，不要再建议甚至强迫儿童问好、打招呼。家长可以试着征询孩子："我要和老师聊一会，你要一起吗？"家长问完后要停下来，等待孩子的反应。如果孩子说："不要，我不！"家长应该允许其表达拒绝，继续和老师聊别的话题，然后再观察孩子是否对此真的没有兴趣，还是试探着想要加入。如果孩子对此并无兴趣，那么不妨尊重，不要强迫儿童加入成人的对话；如果儿童试探着加入，那么不妨暖暖场："这是幼儿园的老师，我们去幼儿园的时候还会见到的。"

请家长适当放权，让儿童自己做决定

儿童想要获得自主权，这是儿童叛逆的重要起因。老师不妨请家长把部分自主权放给孩子，满足孩子，这样既能锻炼孩子的能力，又能消除孩子的叛逆。比如，场景二中可让孩子自主选择饭桌上的饭菜，不劝说孩子一定要吃某种食物，也不劝阻孩子一定不能吃某种食物。如果家长希望孩子吃某种饭菜，可以做得更符合儿童的口味，让孩子能够主动选择；如果不希望孩子吃某种饭菜，那就从源头上断绝，不允许这种饭菜出现在饭桌上。在有限的

选择范围内，把吃什么饭菜的决定权适度还给孩子。老师应引导家长尊重儿童自发的意愿。如果儿童因自己的决定遭到挫折，家长切记不要冷嘲热讽，而是要包容儿童，耐心引导。

制定家庭规则时，让家长邀请儿童参与

儿童表现得叛逆，有时候是对规则的抗争，有时候是对制定规则的人的抗争。如果家长制定家庭规则时，能够邀请儿童一起参与，那么儿童就能更好地遵守约定，执行规则，而不是表现得很叛逆。比如，场景二中，要开饭了，茉莉忽然要吃馄饨，爸爸这次去买了回来，这没问题。但事后，家长需要与茉莉制定一个预约饭菜的家庭规则：想吃什么，需要提前一天预约。另外，针对"茉莉说不吃，家里人吃光了，茉莉又想吃"，大家也可以制定一个"说话算数"的家庭规则。再比如场景三中，每次出门小希都要吵着买零食和玩具，大家可以制定一个"一次出门，只准买一件零食，一个玩具"的家庭规则。在制定和执行规则时，要注意听取儿童的意见，让儿童有参与感。比如孩子会说："一次能不能买两个玩具?"家里人可以说："爸爸妈妈一次只能给你买一个，如果你还想要一个，得靠你平时积攒小红花来换。"这样既能让儿童遵守规则，还能培养儿童的其他良好习惯。此外，执行规则时要温柔坚定。如果儿童在执行规则时反悔，家长要温柔而且坚定地告诉孩子："这是规则，你同意了的，我们以后都要这样执行。"几次之后，儿童就能探索到规则的边界，慢慢地他能从遵守规则的行为中获得安全感，就不会再用叛逆的言行去抗争了。

家长想法不一致，孩子无所适从

家长教育观念的一致性对儿童的成长至关重要，只有形成向前的合力，才能保护儿童向正确的方向发展。老师们如何引导家长，在家长教育观念的差异中找到共性，使家庭教育环境和谐而统一呢？

案例描述

场景一：逗逗是一名小班的女生，她文静可爱，做事细心。她喜欢在自由活动时间画画，也喜欢在美术活动中和小朋友们一起画。她的绘画作品经常在幼儿园的艺术长廊上展出，不管是绘图的创意，还是绘画的配色，都能让人眼前一亮。可是渐渐地，老师发现逗逗减少了画画的频率，她在自由活动时只是呆呆地看着小朋友们玩，在美术活动时也不积极参与了。老师问她："逗逗，你平时最喜欢画画了，最近是不是想休息一下呀？"逗逗摇摇头说："我不知道，妈妈说行，爸爸说不行！"老师听了一头雾水，以为是爸爸不让孩子画画。

老师跟家长沟通后，发现逗逗的爸爸妈妈都是美术专业的，他们也都想保护逗逗的绘画才能。妈妈为逗逗安排了周末的绘画才艺课，想让她从小系统学习绘画；爸爸则认为逗逗正在天马行空的年纪，不应该早早接受训练，而是给她足够的空间自己进行探索，每次上课前都会阻止妈妈带逗逗去上课。逗逗以为父母争吵的原因是自己画画的问题，开始排斥画画。

场景二：辰辰是一名中班的男生，他体型壮实，平时大大咧咧，有些霸道，小朋友们看到他不高兴了就会悄悄走开。他有些挑食，爱吃肉食，排斥蔬菜，会趁老师不注意时偷偷把蔬菜倒在地上。有一天午饭时，老师特地盯着辰辰，想让辰辰尽量多吃些蔬菜。只见辰辰悄悄地绕过老师，想把蔬菜全都扔掉，还问其他小朋友要肉吃。老师问辰辰："为什么只吃肉，不吃蔬菜？"辰辰昂起头说："奶奶说了，我想吃什么就吃什么，不想吃就不吃！"

老师跟家长沟通时发现，辰辰家是一家五口住在一起的。父母工作繁忙，大部分时间，辰辰都由爷爷和奶奶照看。祖辈很宠爱辰辰，认为孩子年纪小，正在长身体，喜欢吃肉就吃肉，宁愿自己不吃，把整盘肉都给辰辰吃。父母在家时，会限制辰辰吃肉，让辰辰吃一些蔬菜。这导致了只有父母在身旁时，辰辰才会吃蔬菜，父母一离开，辰辰就不吃蔬菜，在奶奶的默许下，辰辰甚至会将蔬菜都扔掉。

场景三：皮皮是一名大班的男生，他活泼好动，调皮捣蛋，喜欢和小朋友们打打闹闹，做些恶作剧。大部分时间，小朋友们都比较乐意和他一起玩。但他很容易"玩"过度，会不小心弄痛小朋友，或者是小朋友不愿意继续玩时，他会用不恰当的方式去吸引小朋友的注意，这也引起了小朋友的反感。大班下学期有一个重要的环节是幼小衔接，老师设置了一些课程帮助小朋友们理解课堂秩序的重要性，集中注意力。皮皮在这类课程中表现得不够好，他时常离开座位，戳一戳旁边认真听课的小朋友，或将桌椅弄出刺耳的声音，甚至躺倒在地上。

老师跟家长沟通时，发现皮皮的四位主要照顾人在教育观念上有着巨大的差异，时常会因为皮皮的问题引发争吵。皮皮的爸爸脾气比较急躁，一听闻孩子的问题就急着责怪妈妈教育不到位；妈妈则比较固执，坚持认为孩子没有大问题，等到了小学，孩子自然会认真听讲、遵守规矩；外公的知识水平较高，他不放心皮皮父母对孩子的教育，想用自己的方式规范皮皮的日常生活；外婆很是宠爱皮皮，只要是皮皮需要的，外婆会排除万难，满足皮皮的要求。

案例分析

上述场景中逗逗、辰辰和皮皮的表现都是家长教育观念差异问题的体现。家长教育观念是家长基于对儿童及其发展的认识而形成的对儿童教养的理解，包括家长的人才观、亲子观、儿童发展观和教子观。人才观是家长本人对人才价值的理解，影响到家长对孩子成长的价值取向，对儿童的期望，家庭教育方式和教育重点；亲子观是家长对子女和自己关系的基本看法，以及教养动机，影响到家长对家庭教育的态度、教养方式和教育效果；儿童发展观是家长对儿童认知和社会性发展规律的认识；教子观主要表现为家长对自己、对儿童发展的影响力和本身能力的认识。

每一个家庭的组建，都是不同观念的融合

对于家长教育观念而言，父母之间的观念差异、祖辈和父辈之间的观念差异、每个家庭成员之间的观念差异，都影响着家庭中儿童的成长。通常来说，家长教育观念差异越大，家庭间的冲突越激烈，越容易导致儿童出现规则感不强、缺乏是非观、矛盾的心理状态等问题。教师想要通过家庭教育指导家长互相理解、求同存异，最大限度地减少家长教育理念的差距对孩子造成的影响，需要先了解家长教育观念存在差异的原因及其对儿童的影响。

个性特点、生活经历、爱的方式等原因都会导致家长教育观念差异

作为家长，不同个体有着不同的经历与背景，会产生不一样的认知观念，因此在教育理念上存在差异是难以避免的。场景二中辰辰是由爷爷奶奶和爸爸妈妈两代人共同养育的，爷爷奶奶小时候经历过物质资源紧张的年代，还保持着对自己节俭、对小辈大方的习惯，尽可能顺着辰辰的喜好，满足他的需求；而辰辰的父母和爷爷奶奶有不同的经历，主张营养均衡、科学喂养，两者就产生了教育观念的差异。场景三中皮皮的家庭更是展现了四位

家长间教育观念的巨大差异，他们的个性特点不同，有的遇事急躁，有的坚持己见；他们爱的方式也不同，有的不管不顾，有的严格要求，有的无限宠爱。在不同经历背景的加持下，他们就形成了不同的教育观念，对皮皮的教育目的也会不同，此时，皮皮会体会到家长间对于同一件事的不同态度和方式，他会感到困惑。

家长教育观念差异的最大受害者是孩子

和谐及稳定的家庭环境，对于儿童的身心健康有着非常重要的推动作用。家长因为各自的教育观念差异，很容易爆发争吵，容易造成儿童的安全感缺失。在场景一中，逗逗的父母经常为她是否要去参加绘画课争吵，这导致逗逗对自己产生怀疑，她害怕父母再次争吵，选择了逃避，不再参加绘画活动。不统一的教育观念还会导致儿童不一致的行为表现，久而久之会影响儿童的性格养成。场景二中的辰辰在爷爷奶奶和父母面前表现完全不同，对于吃蔬菜这件事，他已经学会了在不同的大人面前做出不同反应，这将会影响他的其他行为。儿童是最能直观感受到家长不同态度和行为的，他们虽然不能清楚地言明这种差异，但会在一些细节中表现出自己受到的巨大心理压力。场景三中皮皮的心理压力隐藏在注意力不集中和不遵守规范的行为表现下，他用这种方式来表达自己内心的困惑和无助。

专家建议

重申家长的出发点：为了孩子求同存异

老师在跟家长进行沟通时，不能一味地否定家长们的做法，这样会引起家长的反抗情绪。家长间爆发冲突也是因为大家都很关心和爱护孩子，才会想要用自己认知范围内最好的方式来养育孩子。因此，老师先要肯定家长们爱孩子的心，也要肯定他们为使儿童能够更好地成长，所想出的办法和实施的措施。其次，老师可以举出一些行为的不恰当性。比如场景一中，逗逗的父母为了能够更好地培养孩子的绘画天赋，他们从各自的角度提出了想法并且双方都已经实施了他们的想法。老师可以先对他们爱孩子的行动力进行肯定，之后，老师可以说："逗逗很有绘画天赋，老师们都相信逗逗是真心喜欢绘画的，她在这么小的年纪能够安静地坐着画画很不容易。可是，最近逗逗不太在学校里画画了，她似乎很疑惑该听爸爸的还是该听妈妈的。不管家长会让逗逗继续上绘画课还是停止，现在矛盾的状态对逗逗影响非常大，这对逗逗的危害甚至比选择两个选项中任何一个都要大，家长们一定要尽快做决定呀！"

　　促进家庭成员间沟通的法宝：召开家庭会议

　　当家长们表达出可以理解家庭成员间教育观念的不同时，老师应当充分肯定家长们的想法。允许互相之间存在差异，是家长们进一步沟通的基础。家长们不需要互相认同对方的观点，只需要接受差异，解决问题。在场景三中，老师可以建议皮皮一家五口人采用家庭会议的方式，来共同讨论皮皮的问题。会议是为了平和、平等地解决问题，因此，在开会前，每位成员都要尽量保证自己不冲动行事。家长们可以说出自己的观点，皮皮也可以将自己的感受说出来，五人一起商讨对皮皮而言是最有效的、皮皮乐于接受的方法。有很多家长不是不愿意互相沟通，而是心中已经有了许多不满和情绪而无法和其他家庭成员心平气和地交流，这时候，老师们需要再次重申家长的初心：一切为了孩子。

　　事后"弥补"：安抚孩子的情绪

　　家长们可能会认为，从争吵的日常中突然平静下来共同商量问题，非常困难，老师可以给他们提供一个缓冲的办法。当家长实在无法克制自己的情绪爆发冲突后，请家长一定要记得关注孩子的情绪和变化，及时安抚孩子的情绪。场景二中，辰辰不爱吃蔬菜、爱吃肉，这本来是件小事，却引发了家庭争吵。老师可以对辰辰的家长说："家长间的争吵会让孩子认为爸爸妈妈和爷爷奶奶是对立的状态，他会无意识地将自己的行为也分成两部分，在父母面前吃蔬菜，在爷爷奶奶面前不吃蔬菜。如果爷爷奶奶在争吵中更强硬些，那么辰辰不吃蔬菜的那一面会扩大范围。当家长们能够冷静下来时，一定要帮助辰辰将分开的行为合二为一。合起来的办法就是温柔地告诉辰辰家长争吵的原因，切记不能说其他家庭成员的坏话。"但是，这个方法不是长久之计，当孩子们发现家长们总是在事后来"喂糖"，而真实爆发的争吵并没有任何改变时，孩子会对父母产生不信任感。

家庭阅读怎样做才好

阅读的重要性不言而喻，家长们愿意花重金给孩子买书、买电子阅读器，但是很多孩子还是不爱阅读。在亲子阅读之前家长需要做哪些准备？如何培养孩子的阅读习惯？如何了解孩子的阅读成效？

案例描述

场景一：小雅是一名小班的女生，每天睡觉前都要爸爸妈妈给她讲故事。但是她一段时间内只想重复听某一个故事。家长很难给她介绍新故事。有一次，妈妈在连续给她讲了一个多月的《大脚丫跳芭蕾》之后，尝试着换一本故事，小雅立刻拒绝："我不要听其他的故事，我就要听大脚丫的故事。"而且每天临睡前，她要听很多遍才肯睡觉。爸爸曾经强行换了一本新的故事，读给小雅听，小雅哭闹着拒绝，直到开始读《大脚丫跳芭蕾》她才安静下来听故事。

老师跟家长沟通时发现小雅这段时间对《大脚丫跳芭蕾》的故事非常着迷。她已经对故事情节了然于胸，不管妈妈读到哪一页，小雅都能用简单的词语和句子说出接下来的情节。即使这样，她依然不厌其烦地只听这一个故事，拒绝听新故事。

场景二：浩浩是一名中班的男生，非常喜欢阅读，家里有很多很多的读物。浩浩看书非常快，几分钟就看完一本。妈妈有的时候问他："你刚刚看了一个什么故事啊？"浩浩想了想说："小青蛙的故事。"妈妈继续问："小青蛙怎么了？"浩浩挠挠头说："不知道，不记得了。"如果妈妈再追问，浩浩就会不耐烦，或者跑开去玩了。

老师跟家长沟通时发现浩浩很喜欢看书，但是看完之后就忘了。浩浩妈妈很疑惑："他看书很快，他现在认字不多，基本上就是看图。看完之后，问他书上说了什么，基本没有任何印象。不知道他是没看进去，还是表达不出来。"

场景三：小田是一名大班的女生，她学会了拼音，也认得不少字。但是她不喜欢自己看书，总是拉着妈妈给她讲故事。"妈妈，给我讲故事！"每当她发出这样的请求时，妈妈总是告诉她："你马上读小学一年级了，要学会自己看书，有不认识的字，再来问妈妈。"但是小田不愿意："我就想妈妈给我讲故事，不想自己看。"

老师跟家长沟通时发现小田的妈妈迫切希望女儿能自主阅读。"我同事家的孩子中班能自己看书了，她都大班了，还要我给她讲故事，以后上了小学一年级怎么办啊？字她基本都认识了，还缠着我给她讲。"此外，小田的妈妈认为，孩子能自主阅读，家长也能有一些自己的时间去做家务或者追电视剧。

案例分析

相比于金钱，亲子阅读更需要家长投入时间和精力，从选择什么样的读物，到在阅读过程中的亲子互动，再到读完故事之后复盘，都需要家长认真地准备，才能实现有效的亲子阅读。

儿童对听过的故事有熟悉感和掌控感

家长在刚开始亲子阅读时，最头疼的就是如何选择读物。孩子对哪本感兴趣，家长就读哪本，以儿童为中心的导向是对的，但是当儿童仅仅对某一个故事感兴趣的时候，家长就会不知道如何转移儿童的兴趣点，引入新的故事。儿童对某一个故事着迷的原因就是他已经知道了故事的情节，对故事的发展有掌控感、熟悉感，这种掌控感和熟悉感对儿童，特别是幼儿来说非常稀缺。反复读同一本故事，就是他们维持掌控感和熟悉感的方式。

此时，家长如果强行给他们讲述新的故事，儿童会很难接纳。场景一中小雅熟悉了《大脚丫跳芭蕾》的故事，她能准确地知道接下来大脚丫做了什么事情、故事的结局如何，爸爸妈妈突然给她讲一个新故事，对她来说是陌生的，甚至是难以理解的，她自然是抗拒的。

亲子阅读需要深加工

阅读不仅仅是看过就可以了，家长更关心儿童读到了什么，读懂了什么。浩浩很喜欢看书，但是总是翻一遍就过去了，问他书里讲了什么，他总是表示"不记得了""忘记了"。这说明他在阅读过程中缺乏深加工，所以书上的内容很难在脑海中留下痕迹。所谓"深加工"就是复盘书里的内容，只有经过复盘，书本里的内容才能提升儿童的认知发展水平。有时候家长非常高兴地认为，孩子很早就能自主阅读了。但是这很可能是一种假象，是一种无效阅读。

家长急于让儿童自主阅读

不少家长急于让孩子认字、学拼音，就是希望孩子能早点自主阅读。场景三中小田的妈妈就认为，孩子已认识不少字，应该能自主阅读了，就不该缠着家长讲故事了。其实不然，从情感层面而言，儿童在亲子阅读的过程中体验到的不仅是故事本身，还有在爸爸妈妈怀里听故事的幸福感；从认知层面而言，儿童从识字到理解字面的意思再到理解文字在具体语境中的意思，是三个完全不同的阶段。因此，一个孩子认字了，不代表他读文本就没有障碍了，他依然可能不理解文本中的含义。

比如"深"这个字，它既可以表达水平方向的"深"，又可以表达垂直方向的"深"，还可以表达抽象的情感，如"情深义重""一往情深"。儿童对一词多义的理解是随着他们年龄的发展和阅读经验的积累循序渐进的。亲子阅读能够帮助他们跨越词义理解的障碍。儿童一有读不懂的地方，马上可以询问爸爸妈妈。

专家建议

顺应儿童的阅读兴趣，巧妙地引入新故事

在读物的选择上，特别是在幼儿期，最重要的是儿童觉得什么有趣，而不是父母觉得什么有用。父母经常会问："我家宝宝不爱吃蔬菜，读什么绘本能解决这个问题？""我家宝宝不愿意练琴，读什么绘本能够让她愿意弹钢琴？"从儿童的角度出发，他们愿意阅读，一定是因为这件事情好玩、有趣，而不是为了解决某一个问题。这就像成人追剧是为了放松，而不是为了研究。因此，在阅读习惯和阅读兴趣培养的初期，儿童喜欢什么读物，就读什么读物。婴幼儿可以从黑白卡片、纸板书、布书开始阅读。对这个年龄段的儿童来说，拿着书摆弄、翻书就是阅读。

如果家长发现孩子长期盯着一本书看，想给他推荐新的读物，但是孩子一下子难以接受，可以先给家庭成员阅读分享这本书。比如，当孩子在独自阅读或者玩耍时，爸爸和妈妈可以一起看某本书，一起热烈地讨论书里的内容。这样的氛围很容易引起孩子的好奇，他会很想看看爸爸妈妈在看什么有趣的东西。当孩子凑过来一起看书的时候，就表明他已经放下了抵触情绪。

家长需要为亲子阅读做一些准备

我们常说的亲子阅读，确切地说是亲子共读，就是父母和孩子一起读同一本书。在阅读之前，家长需要做一些准备，除了选择读物之外，还要提前

了解书的内容，想一想自己最想跟孩子讨论的是什么，孩子可能对哪部分内容感兴趣；读完之后，可以思考能做些什么拓展活动来帮助孩子复盘书中的内容，拓展活动的好处是让成人看到儿童的认知盲点，比如搭了积木才能知道儿童对故事里的空间关系观察不到位，画了思维导图才发现孩子没有能理清故事发展的时间脉络。

亲子阅读的准备并不需要像老师备课那么完善，家长最需要的是倾听孩子的阅读感受，跟孩子一起讨论在阅读中的困惑。此外，家长还可以把自己的阅读感受跟孩子分享。读完书后，家长还可以根据儿童的关注点设置拓展活动。比如读了关于鱼的故事，可以做一个相关的手工；读了建筑有关的故事，可以把故事里提到的建筑画出来或者用积木搭出来。

亲子共读与儿童自主阅读不冲突

很多家长迫切地希望孩子能够尽早地自主阅读，理由是上了小学就需要独立完成大量与阅读有关的作业。其实，亲子共读与儿童自主阅读不冲突，就像母乳喂养的妈妈应该不会焦虑孩子目前一直需要吃奶，未来学不会吃饭一样。亲子共读在儿童发展的初期给儿童提供了一种温馨的环境和温暖的亲子关系。除了阅读文字，亲子之间关于书籍内容的讨论、游戏有利于儿童识字、理解文本，为之后儿童的自主阅读打下坚实的基础。

儿童自主阅读也不意味着家长可以完全放手。当儿童在阅读时，家长却在看电视，这样显然是不合适的。最佳的行为是家长也在阅读，双方读的内容可以不一样。读完之后，家长和儿童可以交流一下各自阅读的内容。这样的亲子共读，既能促进儿童自主阅读，家长也为儿童树立了榜样。阅读是一件儿童和大人都需要做的事情。

3

情绪与人际
交往篇

"入园困难户"的烦恼不能忽视

初入幼儿园不仅是对儿童的一大考验，更是对家长和幼儿园老师的一大考验。儿童要学会如何适应新的环境、如何融入新的集体，家长则要考虑如何帮助儿童适应陌生环境、缓解不安情绪。老师该如何帮助儿童适应集体环境，如何指导家长，帮助儿童顺利适应幼儿园的生活呢？

案例描述

场景一：豆豆是今年刚上小班的小朋友，他每天都要在幼儿园门口和妈妈上演"离别大戏"。他紧紧地抓着妈妈不松手，任凭妈妈怎么劝慰也不肯迈进幼儿园。当妈妈终于决定转身离开时，豆豆的情绪就会彻底爆发，开始放声大哭，牢牢抱着妈妈的腿，扯着嗓子喊："我要回家，我要妈妈，我不要去幼儿园！"豆豆哭得特别卖力，一边哭一边喊妈妈。保健老师为了不让豆豆跑出幼儿园，赶紧抱住豆豆，豆豆则拼命地乱扑乱蹬想要挣脱。早晨的幼儿园门口，豆豆主演的这出大戏真是热闹极了！有时候在旁看戏的其他小朋友，也会被吸引过来模仿两句："妈妈！我不去！"

进了教室的豆豆非常生气，他大哭，拒绝吃东西和喝水。严重的时候还会在地上打滚，趁老师不留神就往教室外面冲。午休时间，豆豆也哭闹不停，直到哭累了才会睡着。

老师和家长沟通时发现，豆豆从入园前一天晚上就开始闹情绪了，一会儿生气地大叫，一会儿又哭着乞求妈妈不要送他去幼儿园。晚上睡着了半夜还会惊醒，哭喊："我不去幼儿园！"豆豆对于离开妈妈去上幼儿园表现出极大的抗拒，早晨醒来穿衣服也很抗拒，从家到幼儿园的路一般只需要五六分钟，他们往往走上二十分钟还到不了。

场景二：瑶瑶今年上小班了，她每天按时入园进教室。但是她进入教室之后，经常表现得非常紧张，从踏进教室开始，她就把手指放进嘴巴不停地吸吸吸、咬咬咬。有时候她嘴里不停地念着："怎么办？怎么办？哪里？哪里？这是哪里？"瑶瑶边念边在教室里来回不停地跑来跑去。没有熟悉的老师在场的时候，她喜欢躲起来，她有时候躲在厕所里，有时候躲在窗帘后；当她发现熟悉的老师来了，就会跑到老师身边，缠着老师，午休睡觉时也要老师守着她；户外活动时，她更是寸步不离地跟着老师，不参与任何游戏。

老师和家长沟通时发现，瑶瑶父母都是大忙人，每天忙得团团转，晚上回家也特别晚，瑶瑶很多时间都跟着奶奶。

场景三：乐乐第一天来幼儿园的时候，是爸爸妈妈一起送来的。乐乐拉着爸爸妈妈的手不放，妈妈也攥着乐乐的手不松。在爸爸的劝说和老师的安抚下，乐乐顺利进入了幼儿园。但是看着乐乐进入幼儿园，妈妈却显得非常着急，她伸着头一直往幼儿园里面使劲看。乐乐也一步三回头地看爸爸妈妈，他看到爸爸妈妈还站在门口，转过身想跑回来。直到爸爸说他们这样一直站着不走乐乐要哭了，妈妈才不情愿地走了，但是走了没几步，她又折回来躲在幼儿园院墙外的绿植后，不停地往幼儿园里张望。

下班后，老师发现手机里有很多条未读信息，都是乐乐妈妈发来的："老师，乐乐在幼儿园还有没有哭啊？""老师，乐乐在幼儿园有吃午饭吗？他吃不惯别人做的饭菜。""老师，乐乐中午在家是不睡觉的，他如果不睡您就让他玩一会吧。""我们家乐乐年纪小，麻烦老师多多照顾他。"

老师和家长沟通时发现，乐乐妈妈是个全职妈妈，她把所有的精力全部放在养育乐乐身上，这是乐乐第一次和她分离。

案例分析

儿童在初入幼儿园时要与主要的依恋对象分离，生活规律及周围环境都发生了很大转变，这会让儿童感到安全感不足，给儿童造成较大的心理负担，因而出现分离焦虑。儿童入园的分离焦虑一般会持续1—4周，因儿童自身的条件和环境的不同，儿童入园分离焦虑的表现也会有所不同，以下几种情况都是儿童入园分离焦虑的表现：

入园前后抗拒：哭闹，噩梦，生病

儿童入园分离焦虑的常见表现是：在入园初期出现依恋亲人、不愿入园、哭闹不止等现象。儿童的分离焦虑不只表现在行为方面，也表现在生理方面。场景一中的豆豆除了情绪激动、哭闹不止，还有生理上的反应——吃不下、睡不着。回家的豆豆还会做噩梦，晚上惊醒。这些都是儿童分离焦虑的表现，甚至有些儿童的抵抗力会下降，变得很容易生病。

入园之后孤独：拒绝同伴，依恋转移

场景二中的瑶瑶在幼儿园里不参与集体活动，也不和小朋友相互交往，她表现得很紧张，还常常自己躲起来，宁肯孤独也不愿与同伴交往。她还表现出依恋转移的行为，即把对养育者的依恋转移到其他的物品或者人身上。有的儿童会表现出对自己的小被子、小枕头的依恋，他们会将这些物品时时刻刻带在自己的身边，不让别人触碰。也有的儿童会像场景二中的瑶瑶一样表现出对于某位老师的依恋，时刻跟在老师的身后，老师走到哪里就跟到哪里。

入园焦虑波及家长：家庭成员的焦虑

儿童初次入园，焦虑的不只是儿童，家长也会或多或少表现出焦虑现象。家长的分离焦虑有不同的类型，主要有生活牵挂型焦虑、教育急切型焦虑、分离忧伤型焦虑以及环境失信型焦虑四种类型。场景三中的乐乐并没有表现出很强烈的分离焦虑，反而是乐乐的妈妈对乐乐的情况十分担忧。研究表明，家长在儿童入园时存在的焦虑情绪对儿童入园焦虑存在显著的代际影响，也就是说，父母在送园时的焦虑情绪和行为表现会加重儿童的入园焦虑。还有一部分家长在回家之后迫切地想知道儿童在幼儿园学了什么，总会问儿童："你今天在幼儿园学了什么呀？幼儿园今天教了什么？"这种学习情况的询问也会导致儿童产生压力感，导致儿童抗拒入园。

专家建议

《幼儿园教育指导纲要》中有明确规定："幼儿园应与家庭、社区密切合作，与小学相互衔接，综合利用各种教育资源，共同为幼儿的发展创造良好的条件。"那老师该如何与家长配合缓解儿童的分离焦虑呢？

指导家长前，先摒弃以往错误做法

有的新手老师看到儿童哭闹，会不知所措，用恐吓、威胁的方式来"对付"哭闹严重的儿童，对儿童说"再哭妈妈就不来接你了！""警察叔叔来了，抓哭的小孩！"；而很多有经验的老师知道儿童入园会哭闹几周，认为儿童哭一会儿就好了，因此会对儿童的大哭大叫置之不理，这些都是错误的做法。恐吓儿童会使得儿童排斥幼儿园和老师，而对儿童的哭闹置之不理则会使得儿童产生习得性无助，更会加重儿童的焦虑情绪，因此这两种方法都不可取。从家长的角度来讲，家长通过视频看到老师对儿童的态度和行为，或者儿童回家告诉父母幼儿园的情况，都会使家长对幼儿园和老师产生信任危机。

面对哭闹的儿童，老师可以陪伴着他们、抱着他们，让他们感受到来自老师的爱和温暖，建立起师生之间的信任感；也可以采用转移注意力的方法，让儿童不再专注于哭闹这件事，带儿童做游戏、搭积木等都是不错的选择；还可以询问儿童哭闹的原因，比如儿童说："我想让爸爸来接我。"老师就可以给其父亲打个电话，告诉父亲儿童的需求，让儿童在与父亲的沟通中得到承诺，减轻不安全感。

推荐亲子共读治愈系绘本：理解并宽慰儿童

蓦然让儿童进入一个陌生的环境，儿童自然是恐惧的、害怕的，这也让家长们非常伤脑筋："别人家的孩子上幼儿园怎么就不哭不闹呢？""孩子上幼儿园怎么这么难啊？""我家孩子上幼儿园的时候该怎么办啊？"面对家长的烦恼，老师要告诉家长这些情况是正常现象，家长要学会理解孩子的不安和焦虑。老师可以指导家长提前与儿童进行一些亲子活动，如通过绘本共读事先对儿童进行安抚。《魔法亲亲》就是一个可以让儿童"安心上学的秘密"。《魔法亲亲》讲述了小浣熊奇奇不想离开妈妈去上学，在妈妈告诉奇奇"魔法亲亲"的秘密之后，奇奇便安心地去上学了。"魔法亲亲"的秘密不只适用于奇奇，也适用于每一个不愿意离开家人去上幼儿园的儿童。《爱上幼儿园》《幼儿园的一天》等绘本也是不错的选择。老师可以给家长提供一个推荐书单，让家长自行选择。

教家长调整心态：给儿童积极的心理暗示

家长自身的情绪和行为方式会对儿童产生极大的影响，家长平和的态度是孩子很快适应幼儿园生活的良好外部环境，所以家长应该给儿童起到一个好的榜样作用。有的家长会对儿童的哭闹行为进行恐吓、斥责，有的家长会告诉儿童"幼儿园好""不要紧张"，但是家长采取的这些做法反而可能会加剧儿童内心的焦虑，因此老师可以通过家长会、家长论坛等方式与家长进行沟通，告诉家长这个阶段儿童的心理发展特点和依恋情况，帮助家长正确认识儿童的焦虑，告知家长正确的引导方法。也可以和家长分享一些缓解焦虑的妙招，让家长调整自己的心态；或者与家长进行约谈，了解家长的顾虑，并对家长的疑问进行解答，打消家长的疑虑，做好家园共育。

告诉家长按时送园：帮助儿童适应环境

儿童对新环境的适应需要一个过程，并不是一朝一夕就能完成的。有的家长可能会认为儿童不愿意去幼儿园就先休息几天再去，但这种时送时停的做法不利于儿童适应幼儿园的环境。因此老师应告诉家长要坚持送孩子上幼儿园，可采取适当提早接儿童回家的方法来缓解儿童的紧张情绪。即使不提前，老师也应该告诉家长要准时来接儿童回家，避免儿童在其他幼儿被接走后产生孤独感。

教家长适度关心：帮助儿童建立良好情绪体验

回家之后，有的家长总会针对孩子的学习情况拉着孩子问东问西，老师应该指导家长不要过分关注孩子的入园问题，要尽量保持家中平静的氛围，以免造成孩子紧张的情绪。家长可以有意识地引导孩子回忆在幼儿园里的快乐，比如孩子认识了哪个小伙伴、玩了哪些好玩的游戏，这样既能了解孩子在幼儿园的生活，也有利于孩子建立良好的情绪体验，使其尽快适应幼儿园的生活。

帮助孩子控制"情绪小怪兽"

3—6岁是儿童情绪迅速发展的关键期，但儿童自身情绪调节能力还很弱，容易出现情绪不稳定的情况。老师该如何引导家长，帮助儿童合理表达自己的情绪，做情绪的主人呢？

案例描述

场景一：小夫是一名中班的男生，在幼儿园里小夫经常因为一点小事就乱发脾气。有一天在小朋友们玩玩具的时候，小夫和小南就因为一个玩具发生了争吵，两个小男生谁也不让，都想要玩那一个玩具，两人互相拉扯，争执不下。情急之下小夫咬了小南一口，小南哇哇大哭，还喊着："他打我，他还咬我！"赶来的老师连忙把两个孩子拉开，迅速给小南检查了伤势，并带着小夫去了另一个教室。

小班入园之前，老师就了解到小夫在家里会出现咬人的情况，但此前在幼儿园里老师并没有观察到这种情况。放学之后老师又和小夫妈妈进行了沟通，小夫妈妈表现得非常无奈，认为小夫的咬人行为是遗传的结果，因为家里的老人都说小夫爸爸小时候就是这样。小夫妈妈也尝试过各种办法，但是小夫还是会做出咬人的行为，小夫妈妈非常受挫，不知道该怎么办才好。

场景二：小乐是一名大班的男生，在幼儿园里经常能看到小乐躺在地上大哭大喊的场景。当吃饭碰到自己不喜欢吃的食物时，小乐就不停地用勺子敲碗边，还大喊着："我不吃这个，我不爱吃！"有时会把自己的碗重重地砸在桌子上，甚至摔在地上。当喜欢的玩具被别的小朋友拿走时，小乐也会躺在地上又哭又闹。他常用这种方式来表达自己的不满，直到得到自己想要的才作罢。

老师和小乐妈妈沟通后了解到，小乐在家也是这样，当爸爸妈妈让小乐做一些小乐不喜欢的事情，或者没有满足小乐的要求时，小乐会大喊大叫、撒泼打滚。每次小乐这样，爸爸妈妈也没有办法。一开始他们会批评小乐，但这样只会让小乐更加无理取闹，之后就只好顺着小乐，满足小乐的要求。小乐妈妈认为小乐还小，等他长大了懂事了就不会这样了。

场景三：姗姗是一名大班的女生，爸爸妈妈对姗姗非常宠爱，对于姗姗的要求会想尽办法满足。如果姗姗的要求得不到满足，她就会不顾场合地撒泼打滚、大喊大叫。有一次，幼儿园要进行表演，姗姗要求表演公主，还大喊着："我是公主，我就要表演公主，我就要表演公主！"她一边喊，一边用力地踩地板。老师在询问了别的小朋友的意见后，同意让姗姗来扮演公主。在排练的过程中，每个小朋友都努力练习，想表演好自己的角色，姗姗却不太愿意配合，一会儿说："我不想练了，我想休息。"一会儿又说："我不要这样做，公主才不会做这样的动作呢！"说完自顾自地跑到一边，无论老师怎样劝说，姗姗都不愿意再继续。可是当老师提出换一位小朋友来表演公主时，姗姗大声说："我才是公主，我才是公主！她们都不是！"边说边哇哇哭起来。

放学之后老师和姗姗妈妈进行了沟通，姗姗妈妈却一副无所谓的样子。姗姗妈妈询问了姗姗愿意表演公主的想法后，告诉姗姗："宝贝，你这次表演公主，妈妈给你买你最喜欢的艾莎公主的裙子好不好？"姗姗马上变得开心起来，还表示愿意和别的小朋友一起排练。

案例分析

上述小夫、小乐和姗姗的表现，都是不能很好地控制自己的情绪、不会合理地表达自己的情绪和需求的表现。处于幼儿园阶段的儿童的思维具有自我中心性，社会性发展也刚刚起步，他们不能很好地理解别人的观点，也缺乏对自己情绪的控制力。每个"生气"情绪的背后，都有一个未能被满足的愿望，或者被阻挠而无法达成的目标。换句话说，"生气"代表着想要满足需求的动力，以及渴望改变现状的勇气。教师想要通过家庭教育指导使儿童学会合理表达情绪，首先需要了解儿童表现出不良情绪的原因。

行动先于思维导致儿童不当行为

儿童语言表达能力有限，对于自己的需求，儿童并不能用语言准确地表达出来，所以当遇到争执、冲突，儿童想要表达自己的需求却又无法表达时，身体会先于思维作出反应。场景一中的小夫想要玩玩具，但是他无法通过言语沟通来解决问题，所以只能通过争抢的方式表达自己对于玩具的喜爱和想要玩玩具的想法。当另一个小朋友不能理解小夫的想法、不愿放弃玩具时，小夫就采用了更为极端的方式——咬人，来解决问题。

家长忽视导致儿童激烈反抗

当儿童表达自己的需求而没有被父母看到时，儿童就会考虑怎样能够让父母看到自己的需求。当儿童第一次采用撒泼打滚的方式吸引父母的注意并成功达到目的时，儿童会发现这样的方式是可取的，父母不会再忽略自己。场景二中小乐在家中就是通过激烈反抗的方式来让父母满足自己的要求，所以小乐自然而然会将这样的行为方式表现在日常的生活中。同时，小乐的爸爸妈妈会让小乐做一些他不喜欢的事情，强迫小乐完成一些任务，这样也会引起儿童的不满心理。当儿童采用大吼大叫的方式来反抗时，父母才会放弃对儿童的要求。久而久之，小乐就形成了通过激烈反抗来表达需求、获得满足的行为习惯。

　　家长溺爱导致儿童无理取闹

　　家长对儿童的爱可以给儿童带来安全感，但是一味溺爱会让儿童养成不良的行为习惯和性格特点。场景三中的姗姗在表演前强烈要求要扮演公主，丝毫没有考虑别的小朋友的想法，但在之后的排练中却不愿意积极参与，按照自己的想法一意孤行。姗姗妈妈得知这种情况，只是用物质奖励的方式让姗姗能够继续参与到集体活动之中，却没有跟姗姗讨论她言语和行为的不妥之处，这无形之中也会让姗姗觉得自己的行为方式是合理的、正确的，家长没能抓住教育时机及时进行教育。场景二中小乐妈妈对于小乐的激烈反抗没有及时制止，而是将原因归结为儿童的年龄还小，这样也会强化儿童的无理取闹。

专家建议

　　给家长建立信心，帮助儿童一步步改变

　　家长与儿童沟通时总会遇到各种各样的问题，家长往往会表示："这孩子怎么这么笨，说了多少次了都不改。""打了也骂了还是这样。"家长的无可奈何往往会影响儿童的情绪，让儿童产生习得性无助。家长首先要放平自己的心态，才能让教育起到事半功倍的效果，所以教师要先让家长形成正确的信念，给家长树立信心，告诉家长不能操之过急，要一步一步慢慢来。比如老师可以和家长共同建立奖惩机制，根据儿童在幼儿园的表现给予儿童适当的强化，让儿童逐步改正自己的不良行为。再教导儿童学会用恰当的方式表达自己的需求，做事情之前先思考，三思而后行。

告诉家长关注儿童的需求，和平解决问题

在生活中，家长总会觉得儿童无缘无故就生气了，但儿童产生愤怒等不良情绪并不是空穴来风的。很多时候，儿童向家长表达了自己的需求，但是家长选择了忽视，或者家长打着"为孩子好"的名义强迫儿童行动，儿童只能通过激烈的反抗才能制止父母的行为。因此教师要让家长学会看到儿童、关注儿童，可以通过情绪记录等方式了解儿童产生不良情绪的原因。同时，家长在儿童发脾气时不该强行压制，而是应当在儿童平静之后再和儿童进行沟通，抓住行为背后的原因，才能更好地解决问题，也让儿童认识到自己处理问题的方式是不恰当的。

教家长运用绘本阅读，让儿童合理表达情绪

对于情绪管理，不仅是儿童需要学习的，也是家长要上的一门必修课。通过绘本阅读，可以让家长走进儿童的世界，了解儿童发脾气的原因，也可以让儿童看到发脾气并不能解决问题，必须学会合理控制自己的情绪。例如绘本《生气王子》描写了小象艾迪王子从发脾气到控制自己脾气的故事，配合朗朗上口的"不生气魔法歌"，让父母和孩子学会控制自己的怒气，也为父母如何和孩子相处提供了很多小妙招。同时，从绘本中我们也可以了解到艾迪王子爱生气的性格并不是天生的，而是受到后天环境的影响，这也会给家长们提个醒——自己要先学会控制情绪，要给儿童起到榜样的作用。

指导家长爱不等于溺爱，爱要适度

每个孩子都是家里的宝贝，家长们捧在手里怕摔了，含在嘴里怕化了，所以家长们总想着把最多的爱给孩子。这种想法本无可厚非，但年幼儿童的思维具有自我中心性，在这个阶段，如果父母一味地宠溺娇惯儿童，放任儿童的想法、需求和言行，就等于告诉儿童，他所有的肆意妄为、刁蛮任性都是合理的、正常的。因此教师要让家长认识到爱不等于溺爱，既要给儿童足够的爱、足够的安全感，也要给儿童建立一定的规则意识，让儿童能够倾听他人的想法，顺利地融入集体、融入社会。

落单的孩子，其实渴望成为集体的一份子

随着学前期儿童语言能力和自我意识的不断发展，儿童的社交需求也在日益增长。自从进入幼儿园，儿童与同龄小伙伴的接触增加了，社交的机会更多了。很多儿童会交往到长期稳定的玩伴，也有儿童因为没有玩伴而不愿意去幼儿园。那么，对于不合群的儿童，教师们可以给予家长怎样的家庭教育指导呢？

案例描述

场景一：帆帆是一名小班的男生，他性格内向，沉默寡言，常常一个人默默坐在班级角落的座位上。进入幼儿园一个月以来，帆帆一直没有与其他小朋友展开社交。在集体活动时间，帆帆也不会加入大家的游戏，而是一个人站在一旁默默地看着。当老师鼓励帆帆去加入其他小朋友的游戏，或其他小朋友来和帆帆讲话时，帆帆就会双手揪着衣服，躲避他人的视线，一直保持沉默。

老师与帆帆家长沟通后发现，帆帆此前的社交活动非常匮乏，几乎不出门。帆帆妈妈认为孩子出门容易遇到危险，应该多待在家里，所以在上幼儿园之前，帆帆与外界接触很少。

场景二：沛沛是一名中班的男生，他热情外向，精力充沛，一点儿也闲不下来，经常在班级里吵吵闹闹。在小组积木活动中，沛沛霸占着所有的长

积木要搭桥，同组的小搭档向他讨要几根长积木搭房子，沛沛不但拒绝了还推倒了对方的房子，让他改搭汽车。小搭档非常生气，不愿意再和他一组搭积木。老师告诉沛沛，这是合作游戏，要考虑小组成员的感受，一起用积木创造作品，但沛沛依旧我行我素地继续搭积木，大声说："他搭得不行！"在后面的团体活动中，沛沛落单了，他生气又委屈地说："他们不和我玩。"

老师与沛沛家长及时进行联系，沛沛妈妈告诉老师，沛沛是家里的独生子，平日里她和沛沛爸爸比较宠爱孩子，总是顺着孩子的意愿。在家玩积木时，沛沛也常常指挥爸爸妈妈。沛沛父母觉得孩子有自己的想法是件好事，于是一直纵容并接受沛沛的指挥。

场景三：小初是一名大班的女生，她内向敏感，心思细腻，总是安安静静的。在一次家访中，小初妈妈焦虑地向老师倾诉，她觉得小初过于内向，她带着小初外出参加活动或游戏时，其他小朋友已经玩成一片了，而小初还是孤零零的一个人；其他小朋友大声发言时，小初也总是安安静静地坐在一边。小初妈妈很担心，怀疑孩子会不会有自闭倾向或是不合群。

案例分析

随着儿童进入幼儿园阶段，除了身体健康和智力发展，家长对于儿童的人际交往也愈发重视。同伴交往能力的发展影响幼儿社会性人格的形成。《幼儿园教育指导纲要》明确提出了"乐意与人交往，学习互助、合作和分享，有同情心"的交往能力目标。幼儿园是儿童与同龄人进行交往的主要场所，教师也应密切关注儿童的社交行为表现。上述三个案例场景中，帆帆沉默寡言，对于交友不知所措；沛沛颐指气使，逐渐失去了合作的小伙伴；小初内向敏感，过于安静，导致妈妈担心焦虑。

儿童的性格特征：内向与外向

心理学家荣格根据人的心理活动倾向于外还是内，将性格划分为外向型和内向型两大类，外向型的人爱交际、好外出、坦率、随和、乐于助人、轻信、易于适应环境；内向型的人则是安静的、富于想象的、爱思考的、害羞的、谨慎小心的。

外向型的儿童在交友过程中会更主动，他们有着强烈的社交欲，也乐于社交；内向的人在交友方面会更谨慎，他们的社交欲相对较弱，独处也能带给他们快乐。内向与外向之间并没有好坏之分。在现实生活中，极端的内、外向类型的人很少见，一般都属于中间型，即一个人的行为在某些情境下是外向的，而在另外的情境下则是内向的。

当儿童对于陌生环境不熟悉时，他更有可能呈现出内向的一面。我们需要仔细辨别儿童内向与不合群之间的区别。例如场景三中，小初本身是一个偏内向的女生，当她跟着妈妈去参与活动或游戏时，由于在陌生情境中很难有充足的安全感，小初表现出更加内向的一面——完全不愿意进行社交。但在幼儿园老师眼里，小初虽然安静内敛，却不缺乏关系稳定的玩伴，脾气温和的小初甚至是许多小朋友选择合作搭档时的首选。在不同情境下，儿童的行为表现会截然不同。

同样，外向也不代表儿童拥有良好的人际交往能力。例如场景二中的沛沛，沛沛看起来很自来熟，与其他小朋友都很亲近，但是在与小朋友玩耍时不太顾及对方感受，总是爱指挥其他小朋友，并且拒绝或忽视其他小朋友的提议。久而久之，小朋友都不愿意成为沛沛的游戏搭档。儿童的性格会影响他们交友的表现，但对于儿童是否合群，我们不能粗糙地从儿童对于人际交往的热情程度来进行判断，要更耐心地观察他们长期的社交状况。

儿童的依恋类型：安全感与信任感

儿童的依恋安全程度会影响他们的同伴交往能力，甚至能够预测他们成人后的人际交往状况。根据依恋理论，儿童早期与父母等主要照料者建立的依恋关系是他们安全感和信任感的主要来源。不安全的亲子依恋、亲子冲突等都会使学前儿童的心理需求和愿望无法得到满足，不能建立对周围人和环境的信任与安全感，进而出现一系列"不合群"的适应问题。此外，依恋关系具有传递性，儿童长大后会继续受依恋类型的影响，并且传递给下一代。因此，家长与儿童建立良好的依恋关系尤为重要。

场景一中，帆帆在幼儿园中表现得沉默寡言、内向怯懦，老师在与帆帆妈妈的沟通中发现，帆帆妈妈从小就认为外界是不安全的，在外面做了不恰当的举动是会被嘲笑的，因此不愿意让帆帆出门。帆帆妈妈幼年时的不安全依恋在教养过程中悄无声息地传递给了帆帆，导致帆帆在社会化过程中充满了不安全感，不知道如何与他人建立良好的亲密关系。

儿童的早期经历：家长的教养方式

父母教养方式是指在日常生活中父母对子女的教养态度、教养方法、教养行为以及由父母的行为反应所传递出的情感表现的综合体。鲍姆林德将父母教养方式划分为四种类型：权威型、专制型、放纵型和忽视型。权威型父母通常采用温暖与支持、理解和引导等支持性的教养方法；专制型父母常采用责骂、体罚等控制性的教养方法；放纵型父母则常采用纵容性的教养方法，如溺爱、放任等；忽视型父母对孩子既缺乏爱的情感和积极反应，又缺少行为方面的要求和控制，亲子间的互动很少。有追踪研究表明，父母权威型教养方式得分越高，孩子的社会适应越好；父母专制型和放任型教养方式得分越高，孩子的社会适应越差。也就是说，如果家长的教养方式是温暖支持，并且能够理解和引导孩子的，那么孩子在人际交往等社会环境中表现更好。

如场景二中，沛沛父母采用纵容的方式教导孩子，不加约束，导致沛沛总是以自己为中心，不愿意倾听其他小朋友的意见，也不愿意与其他小朋友分享积木，逐渐失去了一起玩耍的小伙伴。

专家建议

不能随意给儿童贴标签

儿童具有个体差异，外向内向的儿童在外化行为的表现上差别很大，家长和老师都不应当凭借一次或几次观察就随意给儿童贴上"不合群""自闭"的标签。一旦轻易下了定论，家长与老师在日后的教导过程中就容易先入为主地将这个孩子当作特殊儿童来对待，这样反而会对儿童的身心健康发展不利。

学前儿童的发展十分迅速，家长应该要耐心地持续关注孩子的情况，而不是将对孩子的认知停留在某一次活动上；老师也应当时常与家长保持联系，让家长认识到孩子的动态发展变化，打破标签上的刻板印象。

给儿童提供更多与社会接触的机会

教师在指导家庭教育时，应当让家长给予孩子更多与社会接触的机会。

例如，爷爷奶奶可以带着孩子一起去菜市场买菜，在散步遛弯时与社区里的其他老人和孩子接触；爸爸妈妈也可以在周末带孩子去逛超市、郊游，在暑假试着陪孩子去更远的地方旅行。孩子通过不断地与外界接触，减少了对于外部世界的不安全感，同时也在这个过程中观察学习家长是如何与他人交流的，进而慢慢学会如何与不熟悉的人进行沟通，提高人际交流能力与社会化水平。

鼓励儿童考虑他人想法，增强儿童同理心

由于学前期儿童自我中心性的特点，他们更关注自身想法，不会主动从他人视角看待事情。如场景二中沛沛的表现，这个特点的外化行为就体现为不愿分享，也不倾听其他小朋友的想法和意见。因此，在家庭教育中，家长不能总是纵容孩子的需求，要学会拒绝孩子，并引导孩子考虑他人想法，增

强同理心。

　　例如，沛沛在家和父母一起搭积木时，沛沛让爸爸搭汽车，沛沛爸爸可以先将自己的想法和情绪感受告诉孩子："爸爸不想搭汽车，上次搭过汽车了，总是搭汽车爸爸觉得不开心。"再引导孩子猜测自己的想法："你猜猜爸爸喜欢什么？想搭什么呢？"然后表达自己的想法和情绪："爸爸想搭个房子，爸爸妈妈和沛沛都能住进去，能搭好房子的话爸爸会很开心。"父母可以通过表达和引导让儿童学会关注他人的情绪，进而培养儿童换位思考的能力，增强儿童的同理心，提高儿童的人际交往能力。

奖励"小红花"，也要恰当

很多儿童都喜欢获得奖励。当儿童做对了某件事情，或者儿童觉得自己表现很好的时候，他们都想要获得奖励。老师们如何引导家长，帮助儿童正确地面对奖励呢？

案例描述

场景一：小豆子是一名小班的男生，他活泼好动，平时喜欢爬上爬下地玩小汽车、小恐龙玩具，一刻不得闲。到了吃饭时间，他还是坐不住，喜欢在手里拿着玩具敲敲打打，无法自主进食。老师喂了他几次饭，也教了他几次如何用餐具吃饭，可他总是磨蹭着不愿意自己吃饭。当老师问他为什么不愿意自己吃饭时，他说："不要吃饭！我要看电视！"

老师跟家长沟通时，发现小豆子在家时完全可以自己吃饭，外婆对老师说："只要给他看动画片，他就能一边看一边自己吃，吃得可好了！"

场景二：昊昊是一名中班的男生，他听话又乖巧，性格内敛。在一次家长开放日上，老师准备了一些问题和小红花贴纸用来与小朋友们互动。虽然昊昊把小手举得低低的，但是老师捕捉到了他的意愿，请他回答了问题。问答结束后，老师请所有回答过问题的小朋友上台领小红花。昊昊直盯着队伍，却没有动。这时，昊昊的妈妈拍了拍他，让他赶紧上台领小红花。可是昊昊还是坐着，一双小手搓呀搓的，想要小红花但不敢上台。妈妈推了推他，提高了音量："你快去啊，你看别的小朋友都去拿了！"昊昊只能为难地看着妈妈。在妈妈几次要求下，昊昊无助又着急地哭了起来，嘴里小声嘟囔着："我也想要小红花。"

老师跟家长沟通时发现，昊昊内心很想要奖励，却不敢主动获取，妈妈时常替昊昊着急，所以会在一些公共场合催促昊昊表现自己。

场景三：轩轩是一名大班的男生，他聪明伶俐，但是不太守规则，和小朋友们相处得还算融洽。幼儿园里的老师们为了尽早培养孩子们的规则意识，开放了几个"队长"岗位。轩轩对这些岗位很感兴趣，他每天都会参与竞选。可是，班里的小朋友都不愿意选他，他每天都是零票。在一个岗位上获得了零票，他很快就会参与其他岗位的竞选。他认为要是没有人参选这个岗位，他就一定能选上。但因为他一直是零票，始终没能当上"队长"。轩轩感到很沮丧，回家向妈妈说了这件事。轩轩的妈妈知道后，当晚就给老师发送了信息，希望老师能够给轩轩一个机会，让他当一次"队长"。

这不是轩轩妈妈第一次给老师发类似的信息了，老师在跟家长沟通时，轩轩妈妈告诉老师，轩轩有很多优点，每次看到孩子得不到机会而灰心丧气，她就感到很着急。她希望老师帮助轩轩获得机会，让他有更大的成长。

案例分析

上述小豆子、昊昊和轩轩的表现，都是想要得到奖励，这对儿童来说是一种认可和荣誉。奖励是幼儿园及家庭教育中最普遍、最频繁的一种教育手段，它是依据一定评价标准而实施的，是帮助儿童实现自我评价和树立自信心的有效方法。但如果成人对于奖励使用不当，或是儿童自身对奖励产生了错误的认识，这反而会阻碍儿童养成良好的行为习惯，使得儿童不知道该如何获得奖励，更不知道得不到奖励该怎么办。

儿童为什么会想要得到奖励？什么样的奖励才能够促进儿童发展？奖励为什么达不到应有的效果？如何帮助儿童面对得不到奖励的情况？教师想要通过家庭教育指导使家长正确提供奖励，使儿童正确认识和看待奖励，需要先了解奖励作用于儿童的机制和原因。

奖励不当会削弱儿童的内在动机

奖励作为一种强化手段，是对儿童的认可和鼓励，可以激发儿童对任务活动的内部动机，帮助儿童树立自信心，培养儿童良好个性和优良品质。比如，场景二里的昊昊在小红花的激励下愿意举起小手回答问题了，场景三里的轩轩为了成为"队长"积极参与竞选。但在进行奖励前，应该明确奖励的指向性，强调奖励旨在激起儿童的内部动机而非完成任务。比如场景一里小豆子是可以自主进食的，但只有在家长给了"看电视"的外部奖励后，他才愿意自己吃饭，看电视只是为了让他吃饭；当在学校里无法看电视的时候，小豆子就无法自主进食。这符合心理学中的"德西效应"，当儿童遭受到外部的激励时，不仅不会让儿童更加有动力，反而削弱儿童的内部动力，影响儿童对事情的积极性和主动性，导致孩子变得被动。

奖励不一定是儿童最需要的

家长往往将奖励看作一种控制手段，侧重于用物质奖励满足儿童，达到规范儿童行为的目的。这种方式通常能取得不错的短时效果，比如，场景一中小豆子在能看电视的时候就愿意自己吃饭。但是，奖励有可能会导致不良后果，比如小豆子在不能看电视的时候，就不愿意自己吃饭了。而且奖励不一定是儿童最需要的，过分注重于奖励的获得，会忽视儿童渴望被看见、被认可的需求。比如，场景二里的昊昊的妈妈催促昊昊上台领奖，让昊昊感到为难和痛苦，他举手发言获得小红花，这是值得鼓励和夸奖的，却受到了妈妈的批评；场景三里的轩轩想要得到"队长"的职位，妈妈就竭尽全力帮助他，但是轩轩想要得到的会是妈妈请求老师给他的职位吗？他想要得到的是老师和小朋友们对他的认可和肯定。

获得能力比获得奖励更重要

家长们在关注获得奖励的结果时，往往会忽视儿童能力的培养。这会让儿童认为只有得到奖励才是好孩子，得不到奖励就像得到了批评一样难受。比如，场景二里的昊昊妈妈无视了昊昊内心的害怕和担心，让孩子因为领奖而感到痛苦，下一次他可能就不会再受到小红花的激励；场景三里轩轩妈妈想通过外部的力量帮助轩轩得到"队长"职位，这会让轩轩认为自己不用努力，只要告诉妈妈就能得到想要的，这就削弱了轩轩自己解决问题、得到奖励的能力。

专家建议

明确家长的理念：过度奖励会降低儿童自主性

很多家长都认为奖励是一种很好的育儿方式，老师可以向家长说明单一频繁地使用奖励不利于儿童的发展，需要用"自然后果"替换"逻辑后果"。自然后果是指自然而然发生的任何事情，其中没有大人的干预；逻辑后果是成人强加给孩子的。对于场景一里小豆子的外婆，可以跟她说："学校里没有电视机，小豆子就不愿意自己吃饭了。""在家里，要避免把吃饭和看电视联系起来，看电视不能作为吃饭的条件。""不吃饭的结果应该是饿肚子，我们要相信孩子，他们不会一顿接一顿地让自己挨饿的。"

宽慰家长的情绪：儿童更需要的是奖励背后的认可

场景二里的昊昊性格内敛、害羞，他能够举起小手回答问题，就值得父母和老师的肯定。老师可以这样跟家长说："家长别着急，今天孩子能够主动举手回答问题，这是很大的进步。家长要肯定孩子的小小进步，孩子才能大胆地向前走呀！"然后，老师教给家长肯定孩子的小妙招，比如这样说："宝宝，妈妈今天非常开心！因为在这么多举起的小手里呀，妈妈第一眼就看到了宝宝举起的小手。"（妈妈可以一边说一边晃动一下宝宝的手）"宝宝，让妈妈陪你一起去拿小红花好不好呀？我们把小红花贴到你额头上！你拿到小红花开心，妈妈也想和你一起开心，你愿意和妈妈一起分享吗？"家长这样做，一是充分肯定了孩子的微小进步，二是避免了孩子的着急和无措，让孩子明白不管有没有获得小红花，都不会改变父母对自己的爱。

平衡家长的心态：儿童有能力面对"得不到"

儿童想要小红花、想要当队长，却不能总是如愿，家长往往会比儿童还着急，担心孩子遇到挫折后，对自己的能力产生怀疑。老师首先应该充分肯定家长，家长能关注到孩子的情绪，揣摩孩子的需求，对孩子发展这么上心，值得肯定。比如面对场景三里轩轩的家长，老师可以说："孩子在社交上没有什么问题，他跟孩子们相处得很好，他在各方面的能力也都足以胜任'队长'的职位。"然后向家长说明孩子没能当上"队长"的原因，同时呼吁家长不要干预这件事。"其他孩子有他们自己的考虑和选择，这件事其实是一个很好的机会，让孩子明白我们在追求目标的时候，总会面临无法得到自己想要的结果，我们需要去面对它。"老师还可以教给家长引导孩子寻找其他办法的小妙招，可以这样引导孩子："宝宝，妈妈知道你没有选上队长，很伤心，你特别想竞选队长，其他小朋友知道吗？什么样的宝宝能选上队长呢？小朋友们喜欢什么样的队长呢？你觉得自己可以做这样的队长，对不对？可能别的小朋友没有看到你做的这些事，下一次你想怎么做呢？"家长可以帮助孩子一起分析原因，让孩子依靠自己的力量，而不是通过借助外力的方式渡过难关，还可以帮助孩子挖掘到奖励背后需要的能力，从而使得奖励变成更有意义的、鼓励探索的过程。

领袖型儿童成长指南

领导行为并不只是成人的专利，在儿童的社会交往中，"小班长""小队长"式的人物也是普遍存在的。老师该如何引导家长，正确培养儿童的领导能力，提高儿童的社会交往能力呢？

案例描述

场景一：在幼儿园里，小浩周围总是围着很多小朋友，小朋友们都愿意跟着小浩，听小浩的安排。有一天幼儿园举行接力游戏，每个项目需要两个小朋友参与，小浩立马就开始分配起了任务。小浩问小朋友们："你们有没有想参加的？"小朋友们叽叽喳喳开始讨论起来。有一个项目三个小朋友都想参与，谁也不让，争执不下。小浩看着三人想了想，和其中一个小朋友说："你跑步那么快，你要不要去第一个？你去咱们肯定能赢，都没人跑得比你快。"小朋友思考了一会儿，觉得小浩说得有道理，听取了小浩的意见，不负众望赢得了比赛。小朋友自己很开心，同组的小朋友也为赢了比赛感到高兴。

老师和小浩妈妈沟通了解到，平时在家小浩妈妈和爸爸都会尊重小浩的意见，遇到问题会让小浩说出自己的想法，尝试让小浩自己解决问题，小浩也愿意自己动脑筋。

场景二：小阳是幼儿园班级里小朋友们自封的"小队长"，大家都喜欢和小阳一起玩。小阳会带着男生们跑跑跳跳，一起做游戏，但是团队中偶尔也会出现小冲突。有一天在搭积木时，同一组的两个小朋友因为积木发生了争执，两人都想要同一块积木来进行搭建。小阳听了两人的想法后，把积木分给了其中一个小朋友，同时和另一个小朋友解释他不用这块积木也可以完成自己的作品。另一个小朋友不肯，小阳也着急起来，连忙说："我是队长，我说了算！"另一个小朋友马上也说："那我不要你当队长了！"过了一会儿，小阳从其他地方找到了一块同样的积木给了另一个小朋友，两人一起搭起了积木。当老师问小阳是怎样想到这种解决问题的方式时，小阳很骄傲地说："我看老师就是这样做的。"

小阳在幼儿园里很善于解决小朋友之间的矛盾，虽然有时候情绪比较冲动，但是也能够及时冷静下来，并且处理好之前发生的事情。

场景三：茜茜在幼儿园里非常活跃，经常主动帮助老师给小朋友们分发教具、帮助老师拿东西，老师对茜茜的行为进行了表扬。之后，茜茜逐渐开始像老师一样管起了别的小朋友。当小朋友们吃饭的时候，她会大声斥责还没有洗手的小朋友："你怎么能不洗手就坐在座位上呢？手上有好多细菌，快去洗手！"当小朋友们画画时，她会指着一个小朋友的画大声说："你这个颜色不对，蝴蝶怎么能用这个颜色呢？这个不是这样画的！"当小朋友们搭积木时，她也会大喊："你这里搭错了，我都不知道你搭的是什么！"别的小朋友对茜茜的表现很不满意，都不太愿意和茜茜一起玩了。

老师将茜茜在幼儿园的表现反馈给了家长，但是茜茜妈妈一副无所谓的样子，还说："我们家茜茜哪里做得不对吗？小朋友吃饭之前不就应该洗手吗？画错了我们家茜茜给他指出来怎么了？我们家茜茜多有领导范儿啊！"

案例分析

上述小浩、小阳和茜茜的行为特征都是幼儿领导力的表现。幼儿领导力是儿童能力的体现。幼儿领导力是指在一个相对稳定的幼儿群体中，由一个或几个幼儿组织、率领小伙伴共同完成某项活动或任务的具体方式和个性心理特征。与成人的领导力不同，幼儿领导力主要取决于非权力因素，例如幼儿的自信、宽容大度、考虑他人感受、为他人着想等。具有这些特征的儿童语言表达能力较强，遇事不慌不忙，能够用自己的方式恰当解决问题，使同伴对其产生敬佩感、亲切感和信任感。但如果儿童领导他人的意愿过于强烈，任何事情都希望按照自己期待的方向发展，反而会影响儿童的社会交往和个性发展。

在年幼的儿童中，主要有两种类型的领导者：一种是恃强凌弱型，这种类型的儿童会通过恐吓、压迫、拒绝等消极甚至攻击性行为使同伴屈服于自己；另一种是外交型，这种类型的儿童会通过鼓励、帮助他人、与同伴合作等方式成为领导者。

儿童领导力的发展会受到多种因素的影响，老师想要通过家庭教育指导正确培养儿童的领导能力，首先需要了解儿童领导能力形成的原因。

儿童领导行为是对儿童需要的满足

马斯洛将人的需要分为五种：生理需要、安全需要、归属和爱的需要、尊重需要和自我实现需要。马斯洛认为低层次的需要得到满足之后，高层次的需要才会出现。处于该阶段的儿童生理和安全需要基本得到满足，也有从父母那里获得的归属和爱的需要，因此他们更渴望得到他人的关注和赞许，这不只是对自尊的维护，也包含了他人对自己的尊重。场景一中小浩结合小朋友们的特长对参与游戏的人选进行了安排，通过自己出色的解决问题的能力获得了他人对自己的尊重，满足了尊重的需要。

儿童领导行为出于对权威的模仿

在儿童进入幼儿园之前，儿童会将家长视为榜样，并对家长的行为进行模仿。进入幼儿园之后，老师成为儿童心中权力的象征，儿童将老师视为榜样并进行行为塑造。场景二中小阳很完美地处理好了小朋友之间的矛盾，并表示"老师就是这样做的"，说明老师的行为在潜移默化中对儿童产生了影响，在遇到问题时他会考虑老师的处理方式，并结合自己的思考来采取行动。通过对老师平时行为方式的观察，小阳能够认识到怎样才能解决和处理好矛盾冲突。

家长纵容导致儿童过度支配行为

家庭教养方式会对儿童性格的养成、能力的发展产生极大的影响。鲍姆林德将家庭教养方式分为权威型、专制型、放任型和忽视型四种，在这四种教养方式中，权威型的父母会对儿童提出要求，也会接受和响应儿童，是最有利于儿童成长的教养方式。父母对儿童的溺爱让儿童习惯通过指挥别人来满足自己的要求。这种自我中心的特性在这些儿童的身上逐渐放大，并出现在儿童的社会交往中，让儿童表现出霸道、不讲理的行为习惯。场景三中的茜茜像一个"小老师"一样，对自己不满意的行为都要"评价"几句，引起了其他小朋友的不满，影响到了茜茜的社会交往。但当老师和茜茜妈妈进行沟通时，茜茜妈妈对茜茜的行为表现出赞许和纵容，说明家庭之中茜茜的父母对茜茜更多采取"无所谓"的态度，增加了茜茜行为的可能性和合理性。

专家建议

指导家长让儿童帮忙，培养责任心

责任心是领导能力的重要表现。老师不仅要告诉家长让儿童学会自己的事情自己做，也要让儿童学会对自己的行为负责。对于年龄较小的儿童，可以先从一些简单的事情做起，比如帮家长拿一些东西、饭后帮家长收拾碗筷等，这样既可以培养儿童的责任心，也可以提高儿童的自信心。对于年龄稍微大一些的儿童，可以适当增加任务的难度，让儿童能够有所挑战。但是应该循序渐进，不可操之过急，否则会使儿童产生无力感和无助感。

推荐亲子共读绘本，提高儿童问题解决能力

老师可以指导家长借助于绘本，将晦涩的道理转换为生动的故事，让儿童理解故事中的内容，学习解决问题的方式。比如绘本《石头汤》讲述了这样的故事：三个和尚来到一个饱经苦难的村庄，村民们长年在艰难岁月中煎熬，只顾自己，邻里间人情淡漠，不愿意相互帮助。三个和尚用煮石头汤的方法，让村民们从家里拿出食材和调料，做出了美味的石头汤，也让村民们更明白了分享使人更加富足的道理。绘本《胆小鬼威利》中威利通过坚持锻炼、规范饮食获得了强健的身体，也教会我们真正的勇敢来源于内心的强大，要通过自身努力找到自信、变得更勇敢。绘本故事将抽象的事物具体化，提供给家长和儿童切实可行的指导。

指导家长带孩子参与集体活动，培养组织能力

日本幼儿教育家山下俊朗强调："以儿童教育儿童。"儿童在社会交往的过程中是能够相互学习、彼此进步的。因此老师可以指导家长，让家长带儿童参与集体活动，在团体中锻炼儿童的交际能力，让儿童在活动的过程中提高语言表达能力，同时学会合作，提高团队合作的能力。也可以让儿童自己组织活动，让儿童在活动组织的过程中体会沟通的技巧，培养儿童的组织能力。

告诉家长学会适当"放手"，尊重儿童意见

家长往往会认为儿童还小，自己的所言所行都是为了儿童好，为儿童考

虑一切，将儿童保护在家长所营造的温室里，不让其受一点风吹雨淋。老师要指导家长，让家长学会适当"放手"，给儿童提供一定的空间。儿童有自己的思虑和考量，虽然有时候有些想法比较幼稚，言论缺乏实际操作性，但是老师要让家长认识到不能对儿童全权管理，也不能放任儿童肆意妄为，既要提出要求，也要学会尊重，要做一个"引导者"而不是"指挥者"。

孩子说"都听我的!",家长该听吗

自我中心是儿童最初认知世界的方式,随着儿童的成长,儿童的自我中心需要逐步消退、升华。教师该如何引导家长,矫正孩子身上的自我中心倾向呢?

案例描述

场景一:小夏是一名小班的女生,她文文静静的,动作较慢,进餐很慢,午休穿脱衣服也比其他小朋友要慢一点。她在集体教学互动中长期地坐在前排正中的位置,这打破了班级座位排布的轮流原则,影响了老师对待儿童的公平性。当老师提醒她轮到靠边的座位时,她说:"我不,我就喜欢中间。姥姥说坐中间最好。"

老师跟家长沟通时,发现小夏和姥姥相处时间较长,姥姥跟老师说:"孩子小,她想坐中间就让她坐,谁坐不是坐呢?"

场景二:小雨是一名中班的男生,他充满活力,每天有使不完的力气,总是上蹿下跳的,想尽办法让小朋友一起玩,但是他总是希望所有的小朋友都听他的安排,很快小朋友都不愿意和他玩了。比如玩"警察与小偷"时,他总安排自己做"警察",让其他小朋友做"小偷"。而且其他小朋友做"小偷"的时候,不能跑得太快,要让"警察"跑几步就能抓到才行。如果其他小朋友跑得快了,他抓不到,就会气得大喊大叫:"你们为什么不听我的?我是警察，我说了算！都听我的！" 小朋友看到他大吼大叫的样子就都跑开了。

老师跟家长沟通时，发现小雨的父母希望自己能 "做民主的父母，尊重孩子的想法"，所以他们一般都听小雨的。

场景三：小芊是一名大班的女生，她活泼开朗，个性要强。她在幼儿园的区域活动时，总是抢先去拿自己看中的玩具，如果自己喜欢的玩具被其他小朋友选走了，她就会一把推开前面的小朋友，把玩具抢到自己手里说："我的，我的，这是我的！" 然后，她就高兴地自顾自去玩了。她在分组活动中，也经常只顾自己，不管其他小朋友的需求。如果小组一起拍球，她要先选自己要哪个球；如果小组一起画画，她要先把一盒水彩笔中自己喜欢的颜色都挑出来，自己用完了才让其他小朋友用。当老师说："大家要一起用彩笔。" 小芊会说："我还没用完，我在用！"

老师跟家长沟通时，发现小芊父母在中年时才生下小芊，对她倍加宠爱，总是跟她说："你先，你先。家里的都是你的。"

案例分析

上述小夏、小雨和小芊的表现，本质问题都是以自我为中心处理自己与环境、自己与班级、自己与他人的关系。自我中心的儿童往往要求所有人都以自己为中心，绝对服从于自己，凡事都希望完全地满足自己的需求和欲望，一不如意就拒绝配合，并且感到委屈，难以接受。以自我为中心不仅不利于儿童健康人格的形成，而且还不利于儿童社会交往能力的发展。

儿童改变自我为中心的思考方式，需要从一点一滴的小事开始，从知道自己与外界的区别、接受别人与自己的不同、到学会站在别人的视角观察，认识到世界上其他人也需要公平。

儿童自我中心的心理发展特点，由多方面原因造成，教师想要通过家庭教育指导改变儿童自我中心的问题，需要先了解儿童自我中心的形成原因。

认知的限制导致儿童自我中心

儿童认识世界，是以自我为媒介的，因此儿童或多或少都有自我中心的痕迹。儿童把每一件事情都与自己的身体关联起来，好像自己就是宇宙的中心一样，他们以自己的身体和动作为中心，从自己的立场和观点去认识事物，他们还不能从客观的角度、他人的观点去看待事物。简单地说，自我中心，是儿童发展中的一个特点。这种自我中心与自私自利是不同的，此时的儿童没有发展出更多人的视角，还不能用更多人的角度去思考和判断世界。比如场景一中小夏喜欢坐在中间，她可能是想更多地亲近教师，但她不能理解其他小朋友也想更多地亲近教师；场景二中小雨按照自己的想法安排游戏过程，是想体验掌控的乐趣，但是他无法顾及其他小朋友被安排的不开心；场景三中小芊首先挑选玩具、彩笔，是想让自己玩得好、用得好，但是她感受不到其他小朋友玩不好、用不好。学龄前的小朋友很难理解其他人的心理感受。

缺乏同伴交流导致儿童自我中心

儿童会脱离自我中心，逐渐发展出亲社会行为，儿童社会性的发展离不开环境与人际关系的发展。也就是说，儿童需要实实在在与周围人，尤其是同伴进行交往，在交往的过程中，儿童才能够体验他人的感受、认可他人的感受，渐渐地内化这种感受，最终才能形成社会性行为。对于场景二中的小雨来说，他很渴望和其他孩子玩，但是他的行为让其他小朋友感到不开心，他大喊大叫会让其他小朋友感到害怕，这导致小朋友不愿意和他玩，他没有发展出同伴的友谊，没有体验过制定规则的公平、遵守规则的乐趣；对于场景三中的小芊来说，她一直把好东西都抢在自己手里，没有体验过分享的快乐，这些都导致儿童不能脱离自我中心的视角。

家长的纵容导致儿童自我中心

场景一中小夏姥姥认为"孩子小",孩子想怎么做就怎么做,老师不但不应该改变孩子,反而要找理由支持孩子这么做;场景二中小雨的父母想要做尊重孩子的父母,但他们错误地认为"民主"就是完全听从孩子的想法,顺着孩子的意愿;场景三中小芊的父母对小芊千依百顺,总是把家里最好的都让给小芊,让小芊先挑先选。这些做法都会导致孩子的自我中心加重,让孩子认为"都听我的"才是一种常态。久而久之,其他孩子慢慢地脱离了自我中心,顺利发展出更多社会性行为,而这些被家长纵容的孩子还一直处在自我中心的认知方式里。

专家建议

跟家长沟通的法宝:从孩子成长角度出发

老师在跟家长进行沟通时,切忌只说孩子的缺点,也不要从"影响其他孩子"的角度去试图说服家长,家长一味地顺从孩子,不舍得拒绝孩子,目的是想满足自己家的孩子。如果老师说孩子抢画笔等行为会影响其他的孩子,家长虽然理智上会觉得老师说得对,但是家长心里那个"如何满足自己家孩子"的愿望还是没有达成,可能还会产生"孩子不抢画笔,没有画笔用怎么办呢?""幼儿园为什么不多买点画笔,还要让孩子靠抢才有画笔用?"等想法。这样容易出现家长嘴上敷衍答应老师,但是实际上并不认可老师的说法,甚至还会认为幼儿园的物资条件堪忧的问题。

因此,老师在和家长沟通时,记得扛稳跟家长沟通的大旗:为了您家宝宝的发展。老师可以从"如果孩子一直抢东西,其他小朋友不肯跟她玩,她也会很失落""教会孩子沟通,发展您家宝宝的语言能力""教会孩子等待,让您家宝宝得到其他小伙伴的喜爱""孩子在幼儿园有好朋友,生活会过得更愉快"等角度去打动家长。

跟家长达成一致：发展儿童的友谊

缺乏同伴交流会导致儿童不能走出自我中心，老师可以请家长配合发展儿童的友谊。对于场景一中小夏的姥姥，可以跟她说："她很想得到老师的关注，我们老师也一直关注着她。""小夏在幼儿园里一直坚持坐在最中间，不随大家一起轮换座位，她自己会觉得自己很特殊，也会让其他孩子觉得她不合群。""放学后可以约班里小朋友一起玩，孩子们变成好朋友，在幼儿园相处也会更开心。"

解决家长的迷思：民主不是一味听从

首先，当家长们表达希望尊重孩子的意愿、做民主的家长时，老师应当充分肯定家长们的教育理念：民主的教养方式确实是对儿童成长最好的教养方式。但是，民主不是一味顺从儿童的意愿，而是充分倾听儿童的心声，尊重儿童的想法，然后引导儿童做出更好的行为，或者和儿童一起商量出更合适的处理办法。老师可以教给家长一些小妙招，比如建议场景二中小雨家长在家和小雨玩一次"警察抓小偷"的游戏，并且和小雨商量"警察"的职责，"小偷"的演法，如果小雨一直只想做"警察"，爸爸可以表达自己对"警察"的羡慕："警察太威风了，能不能教教我怎么做警察？"然后再引导孩子："你教得真好，我来演一次试试。我演警察得有人配合演一次小偷啊！"让家长尝试着引导孩子慢慢转变视角，转变角色。

改善家长的教养方式：教会孩子分享

场景三中小芊的父母是比较溺爱孩子的家长，老师可以引导家长改善家庭教养方式。如果家长说孩子总是不舍得把好吃的给别人吃，家长也不想跟孩子抢，老师可以这样跟家长说："家长们把东西留给孩子吃，家长感到更开心，这是因为分享的感觉比吃到东西的感觉更好。那试着让孩子也体验到分享的美妙感觉不是更好吗？"然后老师教给家长引导孩子的小妙招："宝宝，你吃得好香，看得妈妈都想吃了。你能不能放一块在妈妈嘴里，让妈妈尝尝？宝宝拿给妈妈的，妈妈吃得会特别香！"家长这样做，一是能让孩子获得分发食物的掌控权，二是孩子能从妈妈满足的表情和真诚的夸赞里获得分享食物的快乐。

孩子受挫不是问题，关键是如何面对

挫折教育是全面实施素质教育的一个重要组成部分，让儿童学会面对挫折，有利于克服当代儿童的娇气和骄气，有助于培养儿童坚强的毅力，形成良好的个性品质。儿童在成长的过程中或多或少都会受到挫折，教师和家长需要关注儿童受挫后的行为和情绪，并进行合理的引导。

案例描述

场景一：贝贝是一名小班的女生，她热情积极，特别喜欢玩游戏。老师发现贝贝在玩游戏赢了的时候会非常开心，一旦输了游戏就会大哭大闹，反复说其他小朋友不好，而她本该赢的。同组的小朋友听了很不开心，不愿意和贝贝一起玩游戏了。老师在贝贝情绪稳定后，询问贝贝为什么说其他小朋友不好。贝贝很委屈地说："不好！我厉害，我赢！"

老师及时与贝贝家长取得联系，贝贝妈妈告诉老师，贝贝胜负欲特别强，在家玩游戏都是爸爸妈妈让着她。贝贝只要输了就一直哭，爷爷奶奶就训斥爸爸妈妈不好，哄贝贝说都是爸爸妈妈不会玩，贝贝就是最厉害的。

场景二：小雷是一名中班的男生，他聪明伶俐，经常在班里调皮捣蛋。在一次家园联合的积木活动中，小朋友们比赛谁能将积木搭得最高，家长们坐在后排给他们加油。小雷搭了几次，都在搭第五块积木时把积木弄倒了，他生气地把积木扔在桌子上，大声说："我不想玩了！"小雷爸爸皱着眉头走过来训斥他，让小雷不要乱发脾气，快点拿起积木继续尝试。小雷被爸爸训斥后委屈地撇着嘴，一边抽泣一边拿起了积木。小雷爸爸在一旁叹气道："现在的小孩子真是一点都受不了挫折。"

场景三：小琼是一名大班的女生，她安静文雅，高高瘦瘦的，特别有艺术气质。小琼从中班开始练习弹钢琴，是班级里的小小艺术家。但是小琼妈妈最近有些烦恼，她向老师求助，小琼最近钢琴课上的表现没有其他小朋友好，于是小琼妈妈就让她多加练习，但小琼却变得特别不喜欢练琴，每次到了练习钢琴的时间，小琼就用各种理由逃避练琴，或者坐在钢琴前沉默懈怠。小琼妈妈不想让孩子的钢琴学习半途而废，也不敢硬逼着孩子学习，十分苦恼。

案例分析

上述三个案例场景都是儿童受到挫折之后的表现，贝贝在输了游戏后的委屈和哭闹，小雷在积木倒下后的愤怒和放弃，小琼在钢琴课表现不好后对弹钢琴的厌恶和逃避，这些情绪和外显行为都是儿童受挫后的正常表现。首先，我们要了解儿童为什么会有这些行为表现。

儿童的自我保护机制：哭闹和退缩

弗洛伊德曾提出成人的自我防御机制，即人们在面对挫折或焦虑时启动的自我保护机制，常见的心理防御机制包括：压抑、否定、退行、幻想等等。

压抑、否认、退行这些都属于逃避性防卫机制，而学前儿童同样会在面对挫折时开启自我防御机制。孩子们的逃避表现得更为直接，例如场景一中，贝贝对于游戏结果的否认，场景二中小雷大声说不想玩积木，场景三中小琼用各种理由逃避弹钢琴。这些行为表现都是儿童受挫后自我防御的本能表现，家长不必急于去强迫孩子对抗挫折，不妨让孩子体验一下受挫的情绪。

儿童和成人一样，在受到挫折后内心同样会有失望、悲伤、委屈、愤怒、恐惧等情绪，不同的是成人会克制和疏导自己的情绪，而孩子会立刻爆发出来，例如场景一中贝贝会大哭大闹，小雷会生气、哭泣。当受挫的情绪涌现出来的时候，孩子都会有对应的行为表现，闷闷不乐、摔东西、哭闹等都是儿童自我保护机制下的本能反应。

反复受挫的危险后果：习得性无助

在儿童受挫时，我们为什么要进行干预指导呢？一些家长认为，应当让孩子多受些挫折，正是因为现在的孩子从小没受过挫折，所以他们长大后才会心理脆弱。挫折是越多越好吗？显然不是这样。

适当的挫折固然是有必要的，但受挫后合理的引导更为重要。这就好比做练习题，做错了题的经验是重要的，但如何解决和整理错题才是关键。没有合理的引导，孩子就会在这道错题上反复犯错。而如果孩子反复地受到挫折，那会发生什么呢？

习得性无助是指因为重复的失败或惩罚而造成的听任摆布的行为和心理状态。如果一个人总是在一项工作上失败，他就会在这项工作上放弃努力，甚至还会因此对自身产生怀疑，觉得自己"这也不行，那也不行"，而事实上，他并不是"真的不行"，而是陷入了"习得性无助"的心理状态中，这种心理让人们自设樊篱，把失败的原因归结为自身不可改变的因素，放弃继续尝试的勇气和信心。

儿童每一次遭受挫折，其实都是在接受对自己行为的失败反馈，如果没有合适的引导，儿童会逐渐认为自己"不行"，从而失去了以后继续尝试的勇气。儿童在长大后即便能力得到了提升，但对幼时受挫的方面仍存在恐惧，自我设障难以突破，这就导致了习得性无助的结果。所以，反复地经历挫折是有危险的，如何帮助孩子看待和应对挫折格外重要。

专家建议

帮助儿童接纳消极情绪并正确归因

儿童在经历挫折后，产生消极情绪，为了保护自我而表现出哭闹、发脾气、摔东西等发泄行为时，家长不需要立刻制止儿童，而是要允许孩子有情绪，堵不如疏，该哭就哭、该闹就闹。如场景二中，小雷爸爸制止了小雷的抗议，压抑了小雷的愤怒，小雷受挫后的情绪向内挤压无法排出，小雷可能在活动现场乖乖听话了，但日后有可能会对积木等相似活动产生厌恶，会有抵触或回避行为。因此，教师应当告诉家长，儿童在受挫后产生消极情绪是非常正常的，家长应当帮助儿童接纳消极情绪，带领孩子感受自己的气愤和伤心，挖掘自己情绪的来源，坦诚地去感受挫折。

家长只有和孩子一起接纳了消极情绪，才能帮助孩子对挫折进行正确的归因——是什么导致了这次失败，是外部环境原因还是内部自身原因，是偶然随机的还是必然恒常的，下次该怎么做才能成功。例如场景一中，贝贝只要输掉游戏就将原因全部归咎于其他人，家长可以事后问问贝贝输掉是什么感觉，然后表示"输掉确实让人很生气"，认同儿童的情绪。接着再问问："我记得你上次赢了，你是怎么做到赢了的呢？"让儿童慢慢体会到自身在输赢中的决定性作用。

又比如场景三中，小琼对于练习钢琴的逃避现象，小琼家长可以先询问小琼的情绪感受，接纳小琼对于钢琴的排斥感和退缩感，再与小琼一起寻找钢琴课表现不好的原因。进行正确归因才能对症下药，让儿童更好地面对挫折。

创设情境培养抗挫折能力

教师可以指导家长在家庭教育中采取情景式教育法磨炼儿童的意志，例如，创设障碍游戏、讲故事以及木偶剧等情境，让儿童在游戏当中体验困难以及失败，提高儿童的心理免疫力。家长也可以带着孩子阅读绘本，如《大脚丫跳芭蕾》，和其一起感受绘本中大脚丫贝琳达的情绪，热爱芭蕾的贝琳达在被评审委员评判不适合跳舞时的伤心和挫败，在餐厅打工跳舞时的轻松和释然，被邀请前往大都会跳舞时的激动和惊喜，在得到大家认可并继续跳舞时的喜悦和满足。家长可以在读完绘本后，采取教育戏剧作为绘本阅读的拓展活动，依托绘本创设新的情境，和孩子一起演一演大脚丫贝琳达是怎么受挫的，受挫后的贝琳达是如何伤心难过的，悲伤后的贝琳达又是怎么做的。让孩子不断在创设的情境中实践，那么在未来孩子遇到挫折时，他们也不会轻易陷入手足无措的困境。

以身作则，重视榜样的作用

在学前儿童挫折教育过程中，教师需要帮助家长紧紧抓住儿童喜欢模仿和易受暗示的特点，家长应当以身作则，为儿童树立良好的榜样。

一方面，家长在日常生活中遇到某种挫折与困难的时候，要保持冷静与勇敢，为儿童提供面对挫折时的参考方法。另一方面，家长也可以通过讲故事的方式，给孩子们讲述一些名人或其他孩子在挫折中成长并获得成功的事例，以他人为榜样，在潜移默化中培养孩子不畏挫折的品质。

4

探索与认知
发展篇

如何与手机"争夺"孩子的心

现在的儿童从小生活在互联网时代，信息技术早已无孔不入地渗透到了他们的生活中。老师该如何引导家长，既不让儿童落后于时代，又能让儿童规范地使用电子产品呢？

案例描述

场景一：佳佳是一名小班的女生，她有些害羞，大部分时间都一个人玩。有的小朋友会找佳佳一起玩，她抬头看看小朋友，就一起玩了起来。可佳佳很少和他们说话，没过多久，小朋友就走开了。老师看到佳佳一个人在玩，走过去问她在玩什么，佳佳回答："敲敲。"老师追问："你在敲什么呀？"佳佳回答："这个。"老师继续问："这个是什么呢？"佳佳仿佛没听见，不再回答老师的问题。当老师问："我能和你一起玩吗？"佳佳看了一眼老师，点了点头，分了两个积木给老师。

老师跟家长沟通时，发现佳佳一岁多就会说话了，三岁的时候能够流利地和父母讲故事。可是，在开学前两个月，佳佳的爸爸出差了，佳佳的妈妈有了新项目，父母都没有太多时间照看佳佳，就用手机来对付。佳佳每天和手机相处，语言能力和社交能力都退化了。父母发现佳佳的问题后，每天逼着佳佳说话，不允许佳佳玩手机，导致佳佳更不愿意开口了。

场景二：阳阳是一名中班的男生，他活泼友善，喜欢和小朋友们一起玩，尤其是别的小朋友提到在手机上看到了什么，他会特别感兴趣。有时老师问他问题，他站起来后会不自觉地走到老师跟前再回答。一开始，老师以为他只是喜欢和老师接触，想和老师靠近些。渐渐地，老师发现不对劲，阳阳上课看远时总是眯着眼睛，当他看绘本的时候，会把绘本拿到鼻子前。老师笑着问："阳阳，书上有什么奇怪的味道吗？"阳阳猛地眨了眨眼睛，说："没有。"过了一会儿，阳阳又用小手揉揉眼睛，老师制止了他的行为，他说："眼睛痒！"

老师跟家长沟通时发现，阳阳在家里不是看电视，就是玩手机。通常是家长在看时，阳阳主动凑过来看，家长一阻止，阳阳就闹。阳阳每天看电子产品的时间要超过五个小时，而且阳阳总是要凑到屏幕面前看。家长带阳阳去医院检查，发现阳阳得了近视。

场景三：小凯是一名大班的男生，他性格开朗，能和其他小朋友玩得很好，但总有小朋友来告状："小凯又打人了！"自由活动时间，教室里多了一位"小僵尸"，这是小凯在模仿游戏中的角色。他瞪大眼睛，张着嘴巴，脖子前倾，两只手僵硬地放在身前，膝盖并拢慢慢往前移，嘴里喊着："我要吃掉你的脑子！"他抓住一个小朋友就要咬他的头发，引得小朋友们到处逃。没过几天，小凯又迷上了一个动画片，他把大拇指放到嘴里吹一口气，就举起手来拍打小朋友的头。当老师问他为什么这么做时，他骄傲地说："我在手机里学的！吹一下，手就变大了，我一定要把他打成纸片！"说完，小凯挣脱老师，继续去追小朋友了。

老师跟家长沟通时发现，小凯一回到家就会向奶奶索要手机。奶奶总是会把手机给小凯，这样奶奶就有时间做饭了，可是，想要把手机收回来就困难了。当奶奶一把夺过手机时，小凯就会模仿手机中游戏、短视频里的行为，拿着塑料大刀砍奶奶，嘴里还喊着台词："揍你没商量。"父母知道了情况后，威胁小凯说："你下次再乱学手机、电视里的动作，再也别想看手机了！"

案例分析

上述佳佳、阳阳和小凯的表现，主要是依赖电子产品而引发的问题。长时间使用电子产品会增加儿童发生智力低下的风险，甚至损害其语言、社会及学习能力，也不利于亲子关系的发展。2019年国家卫健委公布的《儿童青少年近视防控健康教育核心信息》中指出："非学习目的使用电子产品单次不宜超过15分钟，每天累计不宜超过1小时。6岁以下儿童要尽量避免使用手机和电脑。"

电子产品为儿童提供了接触更多元化内容的机会，儿童在使用电子产品时往往十分专注，可以通过电子产品学习知识、训练手眼协调、认识世界。必要的电子产品使用可以帮助儿童适应现代生活，但是家长需要防止儿童过度使用电子产品。教师想要通过家庭教育指导家长合理引导儿童正确使用电子产品，减少对电子产品的依赖，需要先了解儿童受电子产品吸引的原因，儿童过度使用电子产品的危害，以及家长错误的应对方式。

儿童被电子产品吸引是生理、心理和环境共同作用的结果

儿童容易被电子产品吸引，是由一些生理、心理和环境因素导致的，家长不能一味地批评儿童不够自律，而是要看到儿童受电子产品吸引的原因，从原因里找到帮助儿童正确使用电子产品的方法。在生理上，儿童的大脑皮层的抑制功能尚未发育完全，电子产品还会刺激儿童的大脑分泌多巴胺等物质，作用于大脑伏隔核（大脑奖励系统的核心组成部分）以及其他大脑区域神经元回路。所以，儿童不是不想控制自己，而是不能控制自己。在心理上，儿童有和父母、同伴进行互动、接触的需求，当父母长时间无法陪伴儿童时，儿童转向了手机游戏、短视频、电视节目、动画片……情节与故事的新鲜感，刺激与通关的成就感，往往能满足他们内心的需求。在环境上，父母亲手将电子产品交到了儿童的手上，还有不少父母本身也存在过度使用手

机的问题。在以上案例场景中，三名儿童都是因为上述原因，沉溺于电子产品的使用，导致了其他方面的问题。

过度使用电子产品对儿童的危害体现在各方面

家长一般都能意识到电子产品的成瘾问题，却会忽视过度使用电子产品伴有的其他实质性问题。儿童在看电视、手机等电子产品时，只关注画面中一闪而过的喜怒哀乐，忽视了生活中真实和复杂的情感。有了电子产品的陪伴，他们本身的社交需求变小了，久而久之，儿童习惯了当一个孤独的旁观者，导致语言能力和社交能力的下降。场景一中，佳佳在两个月内不间断地使用电子产品，语言能力极速倒退，无法说长句子，不愿和他人交流，只能听从指令，说简单的字词。0—6岁是孩子视觉发育的关键期，应当尤其重视孩子早期视力保护与健康。场景二中的阳阳就因为家长不注意，长时间使用电子产品，导致其视力下降，造成近视。3—6岁的孩子因大脑发育还不完全，自控力不足，一旦接触画面丰富、反馈及时的游戏、短视频，极易上瘾，此外，他们有时会无法分辨现实和虚拟的区别，容易模仿电子产品中学到的行为。场景三中的小凯习惯于模仿游戏中的僵尸、动画片里的人物，当他在现实世界中遇到困难时，他选择用虚拟角色的处理方式来解决现实中的问题。

放任不管、强制阻止、威胁强迫都不是好方法

家长通常会因为忙碌而把儿童托付给电子产品，一部分家长在一开始无法意识到儿童是否过度使用了电子产品，只要有时间把自己的事情做完就万事大吉了，这时家长对儿童使用电子产品的态度是放任不管。当家长空闲下来，意识到儿童使用电子产品的时间过长，甚至已经出现一些可观察到的问题时，家长才会匆匆地将手机收走，对儿童使用电子产品的态度变成强行阻止。儿童正玩得起劲，突然被家长打扰，肯定会吵闹，有家长就会选择用更强硬的手段威胁、强迫儿童放弃不当行为、放弃电子产品。家长对儿童使用电子产品的放任不管、强制阻止、威胁强迫，使得儿童对电子产品的依赖愈

演愈烈。场景一中佳佳的父母就没能及时意识到佳佳过度使用了手机，当佳佳出现明显的语言和社交问题时，他们不允许佳佳继续使用手机，还强迫佳佳自行修复过度使用手机带来的影响。场景二中阳阳的父母则选择了放任不管的方式，避免了阳阳的哭闹，却损害了阳阳的视力。场景三中小凯的奶奶和父母采取了强制阻止和威胁强迫的方法，甚至希望用电子产品作为奖励来修正小凯的不当行为。

专家建议

明确父母的思想：解放自己，不能依赖电子产品

在家中，将电子产品作为"电子保姆"的家长不在少数，儿童常常与电子产品为伴。场景一中的佳佳在长时间使用电子产品后造成了语言能力和社交能力退化的现象，需要家长和老师及时干预。老师可以先安抚家长的情绪，再指出家长的问题，说："佳佳是有语言能力的，问题也发现得早，只要经过语言和感统训练，孩子很快就能恢复。家长千万别着急，逼着孩子说话、社交，这样反而会让孩子产生抗拒，适得其反。有很多家长都会把儿童托付给电子产品，这可以让家长有时间做自己的事情，但现在需要家长把时间给孩子。"老师还可以向家长说明家园合作的具体办法，比如，老师可以说："在幼儿园里，每天都会有小朋友来找佳佳玩，佳佳已经忘记了手机的存在，老师也会更多关注佳佳，让佳佳能有更多表达和社交的机会；在家里，佳佳需要你们！请家长一定要用更多的时间陪伴孩子，佳佳才能尽早恢复。"

给予父母新方法：给孩子适当决定空间，培养规则意识

当家长关注到儿童正在使用电子产品时，往往会采取错误的方法来应对。场景三中小凯的奶奶选择了抢夺的方式，这激发了小凯的负面情绪，也

让小凯更不愿意放下手机。老师可以和家长说："直接抢走小凯手里的手机不是一个好办法。"家长可以询问小凯需要多长时间可以放下手机，让小凯先自己做决定。若到了约定的时间小凯不能主动停止玩手机，那便采取进一步措施。比如，家长可以这样对孩子说："宝宝，奶奶正在烧饭了，你玩到吃饭时间可以吗？""宝宝，你觉得你还需要玩多久？"如果孩子表达了需要玩完一局游戏，或者再玩十分钟，家长就需要耐心等待。到了约定的时间，家长可以拍拍孩子，提醒他："宝宝，约定的时间到了。我们是怎么约定的呀？"这时，孩子可能还是不愿意放下手机，家长需要继续耐心提醒他；当孩子愿意放下手机了，就要鼓励他："谢谢你能遵守约定。"这个过程未必一次就见效，老师一定要请家长务必耐心，及时鼓励孩子，才能逐渐培养起孩子的规则意识，在约定时间内使用电子产品。

干预父母的行为：用高质量人际互动战胜电子产品

很多家长认为电子产品对儿童的吸引力太大，不使用强制手段很难使儿童放弃使用电子产品。老师可以给家长提供具体的办法，帮助儿童戒除电子产品。比如，老师可以对场景二中阳阳的父母说："其实，每个孩子都希望和家长、小朋友一起游戏、互动，他们得不到家长和同伴的关注和陪伴，才会选择去使用电子产品，并渐渐沉迷。""儿童会无意识地模仿家长的行为，如果家长长时间使用电子产品，儿童会受到影响。""家长可以关注一下，阳阳都在使用电子产品看什么、玩什么，如果阳阳最近喜欢玩一个游戏，家长可以和儿童扮演游戏中的人物，把二维游戏变成三维现实，引导阳阳从电子产品里走出来。""家长还可以和儿童一起阅读绘本，用声音塑造角色、用对话吸引阳阳。阅读完成后，亲子还能一起做拓展活动，用积木、折纸、表演等方式让阳阳即时体会到和父母互动的快乐，他就不会再想着电子产品了。""家长也可以带孩子多与同伴接触，同伴间玩得开心，孩子玩电子产品的时间就会减少。"

幼升小，零基础 ≠ 零储备

近年来幼儿园的家长对孩子的教育越来越重视，不少家长花大量的时间、精力和金钱教孩子学习小学知识。"双减"政策实施后，家长们的焦虑有增无减，课外辅导机构相继关门大吉，辅导孩子学业的任务压到了家长的身上。如何为孩子做升学准备？应对小学的学业，孩子应该具备什么能力？如何让孩子获得这些能力？当家长带着这些问题求助于老师时，老师应该如何应对呢？

案例描述

场景一：萱萱是一名大班的女生，在一次参加课外亲子活动时，老师问："小朋友，你有什么特长吗？""我会'幼小衔接'！"萱萱不假思索地回答。听了这样的回答，老师和家长都露出了尴尬的笑容。看得出来，这个家庭非常重视入小学前的学业准备，以至于孩子把应对"幼小衔接"的能力当成了一种特长。

老师跟家长沟通时，发现早在萱萱中班时，妈妈就为女儿着手准备"幼升小"，讲故事班、拼音班、逻辑思维班、英语班，孩子的周末都被安排得满满当当的。每天放学回家萱萱都有家庭作业，萱萱妈妈认为"刷题"是孩子平稳度过"幼升小"阶段的唯一法宝。

场景二：明明是一名大班的男生，同班同学们都在奔波于辅导班学习各种知识和技能时，他跟着爸爸妈妈旅行、做西点、打卡各种网红地。近期他去参加了一次儿童夏令营后，妈妈慌慌张张地来请教："老师，我之前真的相信小学是'零基础教学'的，拼音、十以内加减、英文单词这些我都没有让明明提前学，他现在就认识数字和 26 个英文字母，但是在夏令营活动时，其他的小朋友都能说会道的，只有他一问三不知。上了小学，他肯定会跟不上，怎么办呢？"

老师跟家长沟通时，发现家长一直对小学"零基础教学"深信不疑，认为要趁着幼儿园学业不紧张的时候抓紧孩子的素质教育。但是在孩子参加了夏令营之后，明明妈妈看到了自己孩子和其他孩子差距较大，联想到以后学校考试要以学科知识为主，她变得非常焦虑。

场景三：糖糖是一名一年级新生，刚刚开学两周，她就表现出对作息时间变化的不适应。"小学里没有上午和下午的点心，很饿。""中午只能休息一会儿就要上课了，好困。""早上起得很早，想睡觉。"因为小学的作息时间和幼儿园的差异较大，糖糖一时没有适应，所以这两周的学习效率较低，而且经常闹情绪，吵着不去小学，要回幼儿园。

老师跟家长沟通时，发现家长在为孩子做入学准备时，把主要的精力都放在学科学习和学习用品的准备上，糖糖妈妈没有想到作息时间的改变，对孩子的负面影响这么大。"孩子觉得饿，我们可以给她准备点心，但是早上起得早，没有午睡的问题还是挺棘手的。"妈妈如是说。

案例分析

上述案例场景中萱萱、明明和糖糖遇到的问题，主要是幼儿园升小学的入学准备不到位。在进入幼儿园前，很多家长都会为孩子做入园准备，比如：提升自理能力、语言表达能力，解决分离焦虑。在幼升小的阶段，入学准备主要分为知识储备和生活作息调整两个方面。任何一个方面做得不到位，都会导致儿童的幼小衔接有困难。

家长过度焦虑，过分看重小学入学考试的结果

近年来，有的家长会用面对高考的心态来应对孩子的幼升小。从中班，甚至小班开始教孩子学习各种知识，提前学习小学的内容，希望孩子能在小学阶段名列前茅。家长们认为学到的知识越多，越能应对小学阶段的学习。在幼儿园阶段就把小学的知识点掌握了，小学阶段就轻松了，有时间进一步提前学中学的知识，这样孩子能一直领先。场景一中萱萱从中班开始就接触各种学科类知识，妈妈还会布置家庭作业，对小学知识内容的重视可见一斑，但是效果如何，难以判断。

家长在幼儿园最后一个学年开足马力，"亡羊补牢"

很多家长看似"佛系"，在孩子上大班之前都表现得非常淡定，主要想法是，在学业负担不重的幼儿园阶段落实"素质教育"，学科知识完全交给学校；在"双减"的背景下，更加坚信小学阶段"零基础教学"，孩子们都在同一起跑线上。就像场景二中明明的妈妈，直到参加了一次儿童夏令营，才关注到自己孩子和同龄孩子的差距。在明明妈妈看来，素质教育就是让孩子尽情地玩，"零基础"就是基本不需要知识储备。

家长应该为儿童进入小学做好生活方面的准备

幼升小阶段，家长们都能意识到准备学科知识的重要性，往往忽略了幼儿园和小学在作息时间、学习节奏上也发生了很大的变化。幼儿园一节课时长为 25 分钟左右，小学一节课时长为 35—40 分钟，对儿童的注意力要求提高。课程数量增加，没有了吃点心和午休的时间，儿童在生理上需要一个适应期。场景三中的糖糖在进入小学之初，就对作息时间的变化非常不适应，

肚子饿、想睡觉，导致她对上学产生了厌倦的情绪。儿童在刚进入小学之时，还会遇到不知道如何合理安排下课休息时间的问题，下课就只顾着玩，上课了突然想上厕所，有的孩子会举手向老师说明，有的孩子胆小，憋着不说，甚至会尿裤子。儿童需要建立新的作息规律，养成新的行为习惯，才能平稳地度过幼小衔接这一阶段。

专家建议

缓解家长的焦虑：幼升小不是一年完成的，是六年完成的

老师要告诉家长一个理念：幼升小的准备，不是从大班才开始，是上小学前的六年慢慢积累的。有的家长非常焦虑，会让孩子学习加减乘除、背诵古诗，以缓解自己的焦虑。比如场景一中萱萱妈妈从中班开始，就让萱萱学习各类知识，家长的神经一直处于紧绷的状态，其实不可取。夯实学科知识的基础，不是要"刷题"，而是要提升儿童的认知能力，这个过程要渗透在小班、中班、大班，甚至上幼儿园之前的每一年。特别是在"双减"的政策背景下，不能把所有的希望寄托在知识补习上，而是需要家长在家庭教育中发挥智慧，不补知识补能力。比如：增加阅读，随文识字，采用"阅读＋游戏"的方式，用读后的拓展活动提升儿童的认知和学习能力，帮助儿童建立基本的时间、空间概念，增加动作经验，为学习抽象概念打下操作经验基础。

提高家长的认识："零基础教学"不等于不需要储备

一部分家长很"鸡血"，还有一部分家长非常淡定。他们认为当下提倡的"零基础教学"就意味着家长不需要为孩子的小学学业做任何准备，都是小学老师的事情。比如，场景二中明明妈妈觉得"这个不着急，上了小学老师会教的"，所以，一直对孩子的学习采取放任的态度。小学老师确实是零基础教学，但是儿童个体的接受能力有差异，有的孩子学得快，有的孩子学

得慢，但是老师的教学进度是一致的。为了让儿童在幼小衔接的阶段学得相对轻松，不产生畏难和厌学情绪，适当的知识储备是必要的。

除了数字、字母、汉字等识记类的知识，家长们最看重的就是加减法的技能。幼儿的数学学习要具体化、情境化、游戏化。"2 + 3 = 5"对儿童是没有意义的，但是"2 块饼干加 3 块饼干等于 5 块饼干"，儿童是可以理解的。积木建构是数学启蒙的好帮手，儿童在积木建构中自然地认识形状、数量、形状之间的拆分和组合。

拓宽家长的关注点：帮助儿童调整生活作息

场景三中糖糖刚上小学就产生了不适应，主要是不习惯作息时间的变化。家长要提前帮助孩子调整作息时间，比如，最晚在大班下学期，缩短孩子的午睡时间，晚上早点入睡，弥补午睡的不足。另外，家长要提前告诉孩子上了小学可能会遇到的问题，提前想好对策。比如，下课 10 分钟休息，先上厕所、喝水然后才是和小朋友们一起玩。如果孩子吃饭慢，要有意识地训练孩子的吃饭速度，适当为孩子准备小点心，课间补充能量。同时要告诉孩子，上课的时候不可以吃东西，只有下课的时候可以吃。

尽管提前做了准备，儿童进入新的环境，面对新的老师和同学，难免会不适应。在刚入学的 1—2 个月内，每天要及时跟孩子沟通白天在学校发生的事情，遇到问题，家长和孩子一起想办法。最重要的是，要相信孩子的适应力，家长不要在孩子面前表现得非常焦虑。要告诉孩子，不习惯是暂时的，很快就可以适应新的学习和生活环境。

从"不敢"到"敢"，如何迈出这一步

害羞是儿童社会化初期一种普遍存在的心理现象，表现为不善交流与表达自己，易形成儿童的社会退缩倾向。老师们如何引导家长，共同帮助儿童自如地表达自己、尽情地展现自己呢？

案例描述

场景一：点点是一名小班的女生，她胆子特别小，声音也很轻。点点来园时不会主动向老师问好，总是偷偷看老师，当她觉察到老师的眼神在看她了，她的目光马上就闪开了。老师向她问好时，她也只是用很轻的声音，很简短的话语回应一声。老师知道点点的皮球拍得很好，上课时，老师请点点给大家做演示。点点拿着皮球慢慢地向前挪，有时低头看看球，有时偷偷瞥一眼老师，终于来到小朋友们面前。她抱着皮球，呆住不动了。老师引导她像平时自己拍皮球那样做就好，点点尝试了一下，却因为紧张没能成功。小朋友们在一旁说笑起来，点点的小脸顿时涨得通红。

老师跟家长沟通时，发现点点的父母也是害羞沉默的人。他们很少来园当面与老师沟通，就连电话也很少打，但在发消息时很主动，也很配合。由于家长不喜欢外出活动，点点接触外人的机会很少。点点想要出去玩，父母不愿意陪同，她就不敢出去了。当他们得到老师的反馈后，他们不管点点是否愿意，把点点送去有同龄孩子的亲戚家玩，自己却默默地离开了。

场景二：小宇是一名中班的男生，他性格腼腆，很少主动找同伴们玩，但当有小朋友找他玩时，他也能和伙伴们玩得很开心。在自由活动时间，他很少出现在户外游戏区，也不会跟着大家跑来跑去。班级组织表演活动，小宇被安排演一条小鱼，需要在同学们周围游来游去。在彩排时，小宇只在舞台的一侧小幅度地游了一下，小朋友都说没有看到小宇表演。几天彩排，小宇的表演都没能达到预期效果。老师引导他可以往舞台中间游一游，他显得有些不知所措，小声地说："我不敢。"但老师发现小宇在表演过程中的细节很到位，鱼儿呼吸、扇动鱼鳞、转弯等，他都表演了出来。

老师跟家长沟通时，发现小宇很喜欢小鱼这个角色。他的父亲是一名船员，每次回来都会和小宇讲大海里的故事。小宇的母亲也很着急，指导小宇应该怎么表演，要求小宇一定要好好表演给爸爸看！

场景三：栋栋是一名大班的男生，他看上去斯斯文文的，和小朋友们的关系很好。他最好的朋友洋洋是一个活泼好动的孩子，他们两个人几乎形影不离。栋栋喜欢跟着洋洋跑东跑西，洋洋做什么，他就学样做什么。有一回，他们俩闹别扭了，洋洋抢走了栋栋正在玩的小汽车，栋栋默默地哭了起来。老师走过去问栋栋为什么哭，栋栋搓搓小手，泪眼汪汪地看着老师，小声地说："洋洋抢了我的小汽车。"他伸出一根食指，朝洋洋所在的位置指了指，似乎想要老师帮助他要回玩具。老师对他说，这是他的玩具，洋洋没有权利拿走他的玩具，他可以自己去要回来。栋栋犹豫了好久，始终不敢去把玩具要回来，一直坐在角落里看着洋洋。

老师跟家长沟通时，发现栋栋一直很"大方"，不管是食物还是玩具，一旦被小朋友拿走了，他都不敢去要回来。栋栋最喜欢的水枪被同小区的小朋友拿走后，他一路憋着回到家大哭了起来，父母再三追问，他才说了哭的原因。栋栋爸爸严厉地说："男子汉，不许哭！你现在就去把水枪要回来，要不回来的话，我再也不给你买水枪了！"

案例分析

上述案例场景中的点点、小宇和栋栋，都表现出害羞、无法顺畅地表达自己的问题。害羞是指个体在他人在场时表现出来的紧张、尴尬和局促不安等内心感觉，并伴有回避和抑制性的社交行为，如旁观、等待、目光回避等行为。儿童表现出害羞不代表他们能力不够、不会做或不会说，当他们在足够熟悉和感到安全的情境下，他们一般会表现得很好。

3—6岁，通常被人们称为潮湿的水泥期，这是儿童性格形塑的重要阶段。有些儿童不知道该怎么面对不熟悉的人，在陌生环境中无法自如地表现自己。教师想要通过家庭教育指导家长合理引导儿童，鼓励儿童表达自己，支持儿童展示自己，需要先了解儿童害羞的原因，儿童害羞的好处和坏处，以及家长错误的应对方式。

先天和后天原因都有可能使儿童害羞

有一小部分儿童天生就害羞，有一部分儿童是有一段时间害羞，大约有一半儿童到六岁还害羞。害羞的原因是多方面的，首先，可能是先天遗传因素的影响。这类儿童对新环境感到特别拘谨，不愿意接触人，若勉强去适应，适应过程艰难而缓慢。场景二中的小宇内心有很强烈的渴望，他也很着急，但是他无法自在地表达出来，更无法自如地在台上展现自己，这可能需要家园长期配合与关注。其次，可能是家长后天抚养教育不当。这类儿童通常是没有获得足够的同伴交往环境，父母过分保护或溺爱造成儿童适应困难。场景一中点点的父母因为自身原因，家庭中缺少了与他人交流和沟通的环节，导致点点害羞，不敢与人沟通、不敢在人前展示自己。也有一部分儿童是因为缺少父母的引导，不知道该如何面对陌生情境，导致社交退缩。场景三中的栋栋，面对自己的物品被抢走，他不知道该如何解决这件事，家长没有及时进行正确的引导，使得他在一次次失败后变得更加害羞。

改变害羞要从接纳害羞开始

害羞是一种比较常见的现象。通常而言，家长们更关注儿童害羞的坏处。比如，家长会担心自己的孩子无法和他人进行正常交流，从而导致儿童被他人欺负，无法争取应有的利益；家长还担心孩子的害羞会引发一些手抖、脸红等生理表现，使儿童陷入比较尴尬的境地，招来同伴的嘲笑，影响儿童的同伴社交。在以上三个案例场景中，害羞确实带给儿童一些困扰，场景一中的点点在听到同伴的笑声后脸涨得通红，场景二中的小宇在听到同伴的评论后更加不敢表演，场景三中的栋栋在东西被抢后只敢偷偷哭泣。但害羞同样会给儿童带来一些好处，比如场景一中的点点在个人独立活动中完成得很好，她皮球拍得是全班最好的；场景二中的小宇对细节很敏感，能把小鱼的状态活灵活现地表演出来；场景三中的栋栋人缘很好，大家都喜欢和他一起玩，他擅长倾听，同伴们都愿意向他敞开心扉。

家长处理不当会加重儿童的害羞程度

家长会急于改变儿童的害羞表现，他们批评儿童表现差劲，强迫儿童外出社交，用严重的后果吓唬儿童。这些行为反而会加重儿童对自己表现好坏的关注，加深儿童对现状的无助感与不安全感。场景一中点点的父母不愿意社交，但强行要求点点和同伴一起玩，父母不与点点打招呼就离开的方式会加重点点的分离焦虑，引发更严重的社交问题。场景二中小宇的母亲要求他一定要好好表演，不允许小宇有失误，给了小宇很大的压力，他一方面很喜欢这个角色，想要做好，另一方面，却因为害羞表演得不如预期，导致小宇在台上不知所措，更难投入表演。场景三中栋栋的父亲用强硬的手段要求他拿回自己的东西，这使得栋栋更加退缩与害怕。这些儿童对于陌生情境的害羞反应，需要家园共同鼓励和支持他们，当他们熟悉了环境、了解了自己可以做什么，自然会放松一些，也能表现得更自如。

专家建议

改变父母的理念：让孩子用自己喜欢的方式做事，营造熟悉感和兴趣

家长有时会按照自己的想法指导儿童做事，老师可以请家长配合支持儿童的行为，用儿童喜欢的方式来进行活动。首先，老师需要肯定儿童做得好的部分，引导家长关注儿童的优点。对于场景一中点点的父母，可以跟他们说："点点是一个很乖的小女生，她在运动方面很有天赋。""她从不惹事，老师看得出来她很渴望与老师和同学们成为好朋友。"其次，老师可以引导家长为孩子创造更多的练习机会，先让孩子以放松的状态进行尝试，老师可以说："班里有个同学会来找点点一起玩，双方家长看看能否让两个孩子一起玩一下？""妈妈可以先陪着点点一起去，如果点点见到小朋友还是表现得害羞，躲在妈妈身后，妈妈可以和两个孩子一起玩，直到她们互相熟悉了，再慢慢离开。""家长千万不要突然离开，这样会让点点更害怕与同伴接触的。"

放慢父母的步伐：和孩子商量做力所能及的事，让儿童获得安全感

当家长看到自己的孩子有问题，往往会非常着急，希望一夜之间就能消除孩子的不足之处。场景二中小宇的妈妈面对小宇表演不佳就非常着急，给了自己和小宇很大的压力。老师可以先肯定父母对孩子的爱，再指出他们行为的不当之处。老师可以对小宇的妈妈说："小宇妈妈，您先别着急。您每晚花费很大的心力辅导小宇的表演，现在已经起了作用！小宇在形态和动作上表演得很到位。""小宇只是还不敢到舞台中央表演，家长越着急，小宇可能会越害怕。"老师可以向家长提出可行的办法："现在离表演还有一段时间，家长可以和小宇做一个约定！比如，家长可以说：'宝宝，妈妈今天收到一个新任务，下周在同事面前演讲，这个和宝宝的表演任务很像，可是妈妈也好紧张啊！妈妈需要宝宝的帮助，宝宝可以每天帮妈妈照着稿子看妈妈背得对不对吗？宝宝呢？你来试试看能不能游到小树旁边好不好？我们一起努力，让爸爸看看，我们都能做到！'"家长要多给孩子几天的时间，鼓励孩子每天向舞台靠近一点点，相信孩子会愿意做出小小的尝试。

教给父母小妙招：通过游戏、角色扮演提升儿童价值感

场景三中栋栋父母使用了比较强势的干预措施。面对栋栋玩具被抢，他们没有关注到栋栋的情绪和内心的想法，而是强迫栋栋把被抢了的玩具拿回来。老师可以这样对家长说："栋栋在班级里人缘很好的，同伴们都爱和他玩，跟他开玩笑。""男子汉有时也要表达自己的情绪，家长一定知道栋栋的哭泣是因为玩具被抢，其实还有栋栋没说出口的'我需要你们的帮助'呀！"然后老师教给家长一些小妙招，家长可以和孩子一起玩角色扮演，让儿童在游戏中了解自己该怎么面对这样的情况。栋栋不知道该怎么表演时，父母可以做个示范，比如爸爸扮演小兔子，妈妈扮演小老虎抢走了小兔子的胡萝卜。爸爸可以先学栋栋的样子来面对胡萝卜被抢，再问问栋栋该怎么办。如果栋栋没有想法，家长可以把正确的做法表演出来，让栋栋看看小兔子是怎么解决问题的。家长还可以邀请栋栋作为旁观者河马先生参与表演，让栋栋来评评理，小兔子这么做好不好，还有什么可以改进的地方。家长还可以借用积木、画画的方式，或使用绘本故事作为依托，融入类似的故事情节，促进栋栋去感受、思考和行动。

为探索添上规则的翅膀

随着儿童自我意识的发展，他们逐渐开始了对外部世界的探索。在探索过程中，儿童的一些行为看起来像是在搞破坏，有时甚至会影响别人的正常生活。一方面是儿童珍贵的探索关键期，另一方面是儿童规则意识的培养期，老师该如何引导家长平衡学前期儿童的探索欲和规则意识呢？

案例描述

场景一：小景是一名小班的男生，他活泼好动，好奇心强，喜欢东摸摸西看看。家访时，小景妈妈向老师求助：小景父母很注重对于孩子好奇心的培养，总是鼓励孩子多去尝试。上周小景妈妈带着小景去医院看望生病的朋友时，小景对医院的升降病床很感兴趣，在病床边站了没多久就开始不断把病床摇起来再放下去，这可苦了本就身体不适的病人。小景妈妈觉得小景对事物充满好奇是件好事就没制止，但生病的朋友明显非常气愤。

小景妈妈很烦恼如何兼顾小景的好奇心和规则意识。

场景二：小悦是一名中班的女生，她开朗热情，在小朋友中人缘很好。老师发现这段时间她经常跑去洗手，有时一下午要去洗十几次手。老师问她时，她说："妈妈说外面脏，碰到了，要洗手手。"

老师与家长沟通后发现，小悦最近总喜欢伸手触碰各种物品，去商场时遇到什么她都要上手摸一摸。小悦妈妈反复和小悦强调："外面的东西脏，有细菌，不要碰。"但小悦并没有停止触摸的行为，常趁家长不注意的时候伸手这儿摸一下，那儿摸一下。于是，妈妈告诉小悦："摸了之后就要洗手，不然会生病。"

场景三：欢欢是一名大班的男生，他乖巧懂事，能够第一时间配合老师行动。在最近的午休时间，小朋友们都喜欢分享各自的小零食，大家都吃得很开心，而欢欢总是在一旁盯着，很渴望地看着大家却不参与分享活动，默默吃自己的零食。被问到时，欢欢说："妈妈不让我吃别人的东西。"

在老师与欢欢妈妈的沟通中，欢欢妈妈告诉老师，欢欢以前有些馋嘴，其他小朋友的零食欢欢都想尝尝。欢欢妈妈怕他总是眼馋其他小朋友的食物，养成不好的习惯，形成不良的影响，因此她告诉欢欢，当妈妈不在场时，不能吃别人的东西。

案例分析

上述三个案例场景中，小景旺盛的好奇心、小悦指尖的触碰、欢欢对于分享食物的渴望都是儿童在发展过程中常见的探索现象。家长们对于儿童的探索行为应该如何对待呢？管教过严或是管教方式不当，很容易折损儿童的探索兴趣，扼杀孩子的想象力和创造力，错失儿童能力发展的关键期；但不管不问或是肆意纵容，儿童在探索过程中很容易干扰到环境或他人，不利于儿童规则意识的培养。

想要帮助孩子顺利地度过探索阶段，首先我们需要知道孩子这些探索行为背后的原因是什么。

学前期儿童发展阶段：主动与内疚

根据埃里克森的心理发展八阶段理论，学前期儿童正处于第三阶段——

主动与内疚。这个阶段的儿童主动意识发展迅速，格外富有活力，他们表现出强烈的好奇心，开始主动尝试探索外部世界，并频繁地进行社交活动来认可自己。

如果儿童主动的倾向受到批评和控制，就会压制住孩子的发展，孩子会产生内疚感。孩子往往很难把握主动探索的程度，很容易出现越界行为，家长若总是进行批评或惩罚，并且限制孩子的活动，让孩子的主动探究行为不断收到负反馈，会导致日后孩子的主动性偏低，例如孩子主动学习、主动思考的兴趣和想象力、创造力等都会受到影响。

但是，适当的内疚感又是有必要的。适当的内疚感能帮助孩子学会自我控制，学会遵守公序良俗。主动性与内疚感是互相制衡的关系，这个阶段的成功会给孩子带来"目的"的品质，拥有"目的"品质的儿童富有想象力和创新性、主动性和进取心，具有正视和追求价值目标的勇气，不畏惧失败和惩罚。

儿童自我意识发展：求知欲与好奇心

随着自我意识的发展，学前期的儿童会表现出超常的求知欲，他们会提出各种各样的问题，哪怕父母会觉得这些问题是微不足道的、无关紧要的，甚至是无聊厌烦的。如果儿童的求知欲得到了大人的耐心解答，儿童会产生愉悦的满足感，从而进一步发展主动思考的能力。除了提问，儿童也会选择主动用身体去感受他们好奇的任何事物，例如场景二中小悦的触碰行为其实是为了探索外部世界，是儿童好奇心和求知欲的体现。如果儿童的好奇心得到了大人的鼓励，并且拥有了更多的机会去自由地参加活动，儿童的主动性和积极性会得到更好的发展。

但是发展儿童的好奇心需要掌握"度"，如场景一中，小景就忽略了病人的感受和身体健康状况。因此要明确哪些探索是被允许的，哪些探索是不被允许的，儿童的探索行为需要规则的制约。

儿童的社交需求：良好的人际关系

对于幼儿园的儿童而言，社交是非常重要的一部分。儿童的主动性不只是对事物的好奇，也包含对建立良好人际关系的探索。随着儿童语言能力的迅速发展，儿童的沟通意识和社交能力也在快速提高，儿童的社交需求日益上涨，他们会尝试各种社交方法去建立良好的人际关系。例如场景三中，孩子们分享零食的行为本质上也是一种社交方式，而欢欢渴望的其实不是零食，而是渴望加入同伴们的互动。

专家建议

儿童的探索行为需要规则的制约

儿童的探索行为符合儿童当前阶段主动性的需求，是儿童好奇心、求知欲、社交欲的体现，但家长们常常为之烦恼。儿童可能会因为探索空间感，把家里弄得乱七八糟，家长们一边忙着跟在孩子身后收拾，一边又担心儿童会在跑动中不小心受伤。

家长需要帮助儿童树立规则意识，儿童的探索行为需要规则的制约。幼儿园中有园内的规则，小朋友们入园后都需要遵守规则才能顺利进行活动，例如积木角每次只能有两位小朋友共同参加，当第三位小朋友过来时，他需要等待、与积木角中的小朋友商量，或者放弃积木选择其他游戏。家中的环境与幼儿园大不相同，孩子往往是家庭聚焦的中心，家长们反而会疏于规则的制定。因此，老师在与家长沟通时，应当要提醒家长注重儿童规则意识的培养。

规则的制定重在平时，需要持之以恒

制定规则并非一日之功，重在平常的日积月累。立规矩重在平时，家长需要与孩子讲清楚规则，也可以和孩子一起修订规则，最后需要孩子自己认同规则。规则是可协商的，儿童可以对规则提出质疑，但制定好的规则不能一直变化。规则制定好后，每一次遵守规则的行为都是对儿童规则意识的强化，因此，规则的制定重在平时，是需要持之以恒的。

其次，家长制定规则时应具有预测意识，而不是当事情已经发生了再定规则。如场景一中，如果小景平日没有建立"不能乱动别人东西"的规则，在去医院前，家长应该和小景说好："去了医院不能乱跑，不能乱碰医院的设备，病人身体不舒服，不能影响病人休息。"当小景已经开始摇晃病床时，再定规则就来不及了，儿童很难在兴奋状态下接受新的规则，此时父母要及时制止孩子的行为。如果家长认为儿童对于医院中从未见过的病床很感兴趣，不想儿童错过探索的机会，可以在周末一起去家具城尽情地探索一番，满足儿童的好奇心。

制定规则时家长需要明白孩子的需求

儿童看似搞破坏的探索行为背后都隐藏着他们的发展需求，老师需要告诉家长这些行为背后的真正原因，这样家长才能够根据孩子们的需求制定规则。例如场景三中，欢欢渴望零食的行为背后，是欢欢对于社交的渴望，渴望零食的行为体现的是欢欢的社交需求。家长知道孩子的需求后，才能明白孩子不是馋嘴，而是想要交朋友，从而和孩子一起修改原先的规则。

同时，家长也要反思自己制定规则时的需求。例如场景二中，小悦通过摸一摸的方式去感受和探索外部世界，老师询问了小悦妈妈，为什么不让小悦触摸外面的物品，只是因为不卫生吗？小悦可以随意触摸自己家的物品吗？超市里的东西买回家就变干净了吗？小悦妈妈思考后告诉老师，因为超市里的物品不是属于自己的，她其实是不想让小悦乱摸别人的东西。于是在和老师沟通后，小悦妈妈重新和小悦制定了规则，商场里的东西小悦不能乱摸是因为它不属于小悦。由此加强了儿童对于物品从属的认知，也减少了反复强调不干净可能给儿童带来的强迫和焦虑行为。

怎样培养孩子的注意力

教育家蒙台梭利说："给孩子最好的学习方法就是让孩子聚精会神地去学习。"幼儿园阶段儿童注意力的发展是很多家长所关注的，很多家长认为儿童注意力不集中，做事情三分钟热度，老师该如何指导家长，保护儿童的专注力，促进儿童注意力的发展呢？

案例描述

场景一：形形是一名小班的女生，在适应幼儿园的生活后，老师发现形形在做事情的时候总是心不在焉的。在老师给小朋友们讲故事的时候，形形刚开始还会认真听，不一会儿形形就开始东张西望，一会儿看看书架上的书，一会儿看看窗外的小鸟，一会儿又拉拉自己的衣服。在小朋友们一起画画的时候，形形的作品还没完成就盯着某个地方发呆。老师和形形说话的时候，形形也对老师说的话似听非听，老师说完形形也不应答，老师问形形："知道老师刚说了什么吗？"形形只是摇摇头，并不在意。

老师和形形妈妈进行了沟通，形形妈妈表示形形在家也是这样，经常不知道家长说了什么，做事情也丢三落四、马马虎虎的，但是形形看电视的时候非常专注，盯着电视很长时间都不走神。形形妈妈认为形形还小，没有刻意纠正形形的行为。

场景二：飞飞是一名中班的男生，幼儿园里有一个积木屋，里面有各式各样的积木，有大积木需要小朋友们合作完成，也有小积木可以自己搭建，飞飞对这个积木屋特别感兴趣。有一天，小朋友们一起去积木屋里搭积木，老师让小朋友们搭一搭自己想象中的房子是什么样子的，小朋友们拿着手中的积木纷纷开始搭建。飞飞并没有着急搭建，坐在积木前想了一会儿，似乎是在对自己的房子进行构思，然后才开始动手。一段时间之后，老师看小朋友们的房子都搭好了，老师就安排小朋友们去户外活动了，只有飞飞还在搭自己的房子。老师小声问飞飞："飞飞，该去户外活动了，你还要在这里吗？"飞飞点了点头，说："让我安静会儿，我还没搭好呢。"老师不再继续询问，安静地看着飞飞完成自己的作品。"我搭好啦！"飞飞看着自己的作品高兴地大喊。老师请飞飞介绍了自己的作品，也对飞飞进行了表扬。

老师将飞飞作品的照片发给了飞飞妈妈，并建议飞飞妈妈多关注飞飞这方面的兴趣。飞飞妈妈表示飞飞在家也对积木、乐高之类的搭建玩具很感兴趣，但是有时候怕他坐在同一个地方时间太久了，飞飞妈妈每隔一会儿就会问一问飞飞："吃不吃东西啊？喝点水吧！休息一下吧！"不会让他自己一个人玩很久。

场景三：丁丁是一名大班的男生，平时比较独立，有自己的想法和思考。有一天老师给小朋友们安排了七巧板挑战任务，小朋友们迫不及待地开始挑战。前几关的挑战还比较简单，小朋友们经过尝试都能完成，到了第五关小朋友们开始犯了难，尝试多次都无法完成。老师对小朋友们进行了指导，鼓励小朋友们再试一试。好几个小朋友在老师的指导下完成了挑战，但是一向速度很快的丁丁这次遇到了困难，怎么也不能顺利完成。丁丁有点心不在焉，或是随意地拨弄着手里的七巧板，或是看着窗户发呆。老师看到后，鼓励丁丁再试一试。在老师的帮助下，丁丁顺利完成了挑战，脸上又洋溢起了灿烂的笑容。

老师和丁丁妈妈沟通了解到丁丁是个自控能力比较强的孩子，做事情也比较专注，但是遇到困难就不太愿意继续下去，情绪也会比较消极，做事也会变得毛毛躁躁、三心二意起来。

案例分析

上述彤彤、飞飞和丁丁的表现都涉及儿童注意力的问题。注意力是人的心理活动指向并集中在某种事物上的能力。引起儿童注意力分散的原因是多样的，老师在进行家庭教育指导之前，需要先了解儿童注意力容易分散的原因。

儿童自身年龄的限制

儿童注意力的水平与年龄有着密切的联系，处于幼儿园阶段的儿童大脑尚未完全发育，自我控制能力较差，因此儿童常常注意力不集中或注意持续时间较短。同时，外界新奇的事物容易吸引儿童的注意，也会使得儿童出现注意力分散。场景一中彤彤在做事情的初始阶段能够认真专注，但不久就开始东张西望，相比于故事内容，窗外的小鸟对于儿童来说更新奇、更有趣。随着年龄的增长，儿童注意力的持续时间逐渐变长，像场景二中的飞飞和场景三中的丁丁一样，能够专注于一件事情。

父母不当的教养方式迫使儿童分散注意

场景二中飞飞虽然只是中班儿童，但他对积木搭建表现出浓厚的兴趣，并能够长时间专注于积木搭建，飞飞妈妈对于这件事情也表现出对飞飞的支持。但飞飞妈妈在飞飞搭建积木的过程中不断打断和干扰飞飞，可能会使飞飞不愿再集中注意做一件事情。父母需要陪伴儿童，而不是干预儿童正在进行的事情，父母需要给儿童一定的思考空间，保护儿童的注意力。除此之外，也有很多家长过于担心儿童，自己急于上手帮忙，不让儿童独立完成，这样也会使得儿童失去集中注意力做事情的耐心。另外，儿童会对父母的行为进行模仿，父母的三心二意、丢三落四也会在潜移默化中影响到儿童。

消极情绪使儿童不愿继续专注

情绪会影响个体对事物的看法。事情的圆满完成会让儿童体会到成就感和满足感，产生愉悦的心理体验，并期望该事件的继续进行，对事物的专注时间会不自觉地变长。而当儿童遇到困难久久不能解决时，就容易产生消极情绪和退缩心理，对事物逐渐缺乏兴趣。场景三中丁丁在遇到困难久久不能解决时，感受到了无助感和挫败感，不愿意再继续进行七巧板挑战，故而出现了注意力分散。

专家建议

指导家长将注意力的培养与儿童的兴趣相结合

我们都说"兴趣是最好的老师"，儿童对做一件事情充满兴趣，他自然而然就会想要将这件事情进行下去。老师在幼儿园中会对儿童进行观察，挖掘儿童的兴趣点，指导家长多鼓励儿童进行一些尝试，找到儿童感兴趣的事物，在培养儿童的注意力的同时，培养儿童的兴趣。当然注意力的培养是一个循序渐进的过程，不可操之过急，要遵循小步子前进的原则。

提醒家长重视注意力的培养

很多家长会存在这样的认识误区：儿童年龄还小，还不需要关注儿童的注意力，年龄大一些自然就会好。习惯的培养是要从娃娃抓起的，儿童年龄较小，家长对儿童的要求也不需太严苛。具体而言，首先，老师可以指导家长规范儿童作息。在幼儿园阶段较为重视儿童习惯的养成，良好的习惯可以保持儿童的精力，让儿童不会因为疲劳而产生注意力分散。其次，老师可以指导家长为儿童营造良好的环境。当外界环境中新异刺激出现，儿童的注意极其容易分散，所以简洁、大方的环境更利于儿童注意力的集中。再次，老师要指导家长保护儿童的注意力。当儿童专注于一件事情时，家长尽量让儿童独立完成，当儿童遇到困难时给予恰当的引导，为儿童提供充分的时间和空间。

指导家长采用多样化的形式进行活动

当一件事情持续时间较长，儿童会由于习惯化而丧失兴趣，因此多样化的形式可以保持儿童的兴奋性，维持儿童的注意力。比如在亲子阅读的过程中，家长总会认为儿童并没有认真听讲，家长也不知道该怎样了解在读书的过程中儿童是否专心，老师可以指导家长将绘本阅读和多样化的拓展活动相结合。比如在阅读绘本时，可以全家一起来表演绘本中角色的表情与动作，锻炼儿童的观察能力和表现能力；阅读绘本后，也可以一起做一做折纸，让儿童发挥想象进行创作，在故事情节中添加自己的想法，用其他方式表现出来；还可以让儿童用积木搭一搭绘本中的各种场景，培养儿童的观察能力和动手能力。这样的阅读活动不仅让整个阅读过程充满乐趣，也培养了儿童多方面的能力。

指导家长给予儿童鼓励，培养儿童的积极情绪

情绪是一把双刃剑，每个儿童都渴望得到家长、老师的赞美。当儿童产生消极情绪时，家长不能一味斥责，否定儿童的成绩，而是要学会接纳儿童的不完美。老师可以指导家长先转移儿童的关注点，不陷于消极的情绪之中，再和儿童一起分析问题出现的原因，和儿童一起思考解决问题的办法，给儿童积极的语言暗示，比如"加油，你一定可以的""我们一起看看怎么打倒这只拦路的小怪兽"，让儿童在鼓励中重拾自信。老师也可以指导家长采用一定的奖励，用延迟满足的方式要求儿童坚持下去，直面困难，当儿童产生兴趣时，就会产生热情，注意力就会集中。

如何让孩子学会等待

孩子往往是一个家庭的中心，备受家长宠爱，只要孩子一嚷嚷："我要！我现在就要！"家长们就会想方设法立即满足孩子。但这种即时满足并不利于儿童的发展，因此，教师需要提醒家长在家庭教育中要重视并使用"延迟满足"的策略，以培养儿童的自控力。那么"延迟满足"究竟是什么，又该怎么运用于家庭教育中呢？

案例描述

场景一：龙龙是一名小班的男生，他机灵可爱，特别喜欢说话，但他性格比较急躁，耐心不足。在集体活动中，小朋友们需要轮流进行游戏，龙龙在等待时经常哭闹，吵着要第一个玩，或是在他自己的轮次结束后依旧抱着玩具不肯放手。老师在帮助龙龙重新树立集体游戏规则的同时，也与龙龙家长进行了联系。

龙龙家长告诉老师，由于龙龙是家里唯一的孩子，所以家里人都非常宠爱龙龙，龙龙想要什么大家都是立即满足的，几乎没有需要龙龙进行等待的情况。只要龙龙提了要求，爷爷奶奶都抢着满足龙龙的要求。

场景二：乔乔是一名中班的女生，她外向活泼，稍有些娇气，小脑瓜里总是充满神奇的幻想。乔乔特别喜欢洋娃娃，每天都会仔细地给洋娃娃换上不同的衣服。老师在与乔乔家长的电话连线中，家长也提到了关于买洋娃娃的事情。

　　乔乔妈妈向老师倾诉，乔乔每次去超市都要买玩具，特别爱买洋娃娃，家里的柜子都被洋娃娃堆满了。乔乔妈妈想着不能总是顺着孩子的意愿不断买买买，于是她想到了"延迟满足"的教育方式，她告诉乔乔这周不买，下周再来超市买，但乔乔并不愿意，这让乔乔妈很苦恼。

　　场景三：小雪是一名大班的女生，她性格温和，容易害羞。老师发现小雪最近上厕所的频率很低，仔细观察后发现小雪最近在幼儿园内也很少喝水。老师温柔地询问了小雪，嘴唇都干了，为什么不喝水呀？小雪摇摇头，过了一会儿才说，因为喝水就要上厕所，她不想上厕所。小雪之前在如厕方面并没有问题，突然出现抗拒上厕所的现象引起了老师的重视，老师很快与小雪家长进行联系，询问最近是否有发生和如厕相关的事情。

　　小雪妈妈告诉老师，上周末小雪一家去公园野餐，小雪突然说想上厕所，但周围没有找到厕所，小雪妈妈当天也没有准备尿不湿，于是小雪妈妈让小雪忍一忍，晚一点再上厕所。小雪妈妈又向老师说道，日后孩子上了小学，一节课四十分钟左右的时间，孩子总不能上课时间随意上厕所吧，这就当是提前养成"延迟满足"的习惯了。

案例分析

　　上述三个案例场景其实是使用"延迟满足"策略的三种误区，场景一中的龙龙家长完全不知道"延迟满足"的策略，总是立即满足孩子，不了解"延迟满足"的意义；场景二中乔乔妈妈对"延迟满足"的概念理解有偏差；场景三中小雪妈妈不仅没有正确理解"延迟满足"的概念，并且在不合适的场景下使用了该策略。

　　"延迟满足"究竟是什么含义？为什么要让孩子"延迟满足"？"延迟满

足"可以为孩子带来什么？在什么情况下可以使用"延迟满足"的策略，什么情况下不能使用呢？下文将通过案例场景分析具体解释这些问题。

概念定义："延迟满足"是什么意思？

在现实生活中，人们往往会在追求长远目标时遇到当下的诱惑，但为了得到完成目标后的更大回报，人们需要抵制某些即时的享乐和诱惑，继续追求目标。这种现象在心理学中被称为"延迟满足"。"延迟满足"是为了克服当前的困难情境而获得更长久的利益的能力。

将"延迟满足"应用于家庭教育领域时，很多家长容易错误地将"延迟满足"理解为：单纯地让孩子学会等待，或是一味地压抑孩子的欲望，甚至是让孩子尝试受挫的感觉。举例来说，场景二中乔乔妈妈告诉孩子这周不买洋娃娃，下周再买，这是单纯地让孩子等待，强制孩子压抑自己的欲望。而"延迟满足"应当是孩子自主进行选择，为了得到更符合自己心意的玩具而主动忍耐，即自我"延迟满足"。因此乔乔妈妈若是想使用"延迟满足"的策略，可以给予乔乔两个选项，一是立即就买，只能买一个洋娃娃；二是下周再买，但可以买一个洋娃娃加一套洋娃娃衣服。

因此，当家长想要培养孩子的自我"延迟满足"能力时，不该取消原有的奖励让孩子持续等待，而是应当给予孩子不同的选择，如果孩子选择等待，则可以获得对他更有吸引力的奖励，从而让孩子在自我延迟满足中增强自我控制能力。

策略优势：为什么要让孩子"延迟满足"？

在我国绝大多数家庭中，孩子永远是家长们关注的焦点，只要孩子提出了需求或渴望，父母们都会给予即时的反馈，并努力立刻满足孩子的要求。家长有时会纳闷，我家孩子怎么耐心那么差，脾气那么急躁？这是因为在日积月累的"即时满足"下，孩子容易产生一种思维定式：只要我想要，我就能够立刻得到。而研究表明，"自我延迟满足"能力低的儿童趋向于攻击、好动、不能应对压力、易于受情感的摆布、爱怄气等个性特征。如场景一中的龙龙就因为从未尝试过"延迟满足",在面对需要等待的情境时就会耐心不足,特别容易受情绪影响。

儿童的自我延迟满足能力与自我控制、自我韧力、注意力集中、明事理、智谋、合作性等良好个性品质有密切的关系。在社会性发展中也具有极其重要的意义,学前期儿童的"自我延迟满足"能力在一定程度上能够预测其在成人期的情绪控制能力和社会能力。

学前期是个体"自我延迟满足"水平发展和培养的关键期。因此,在这个时期,家长们更要重视儿童的自我延迟满足能力培养。

运用场景:什么情况下家长不能运用"延迟满足"策略?

"延迟满足"对于儿童的未来发展非常有益,但是并不是所有场景都适合培养儿童的"延迟满足"能力。例如,场景三中小雪妈妈让孩子延迟上厕所的需求,这对于孩子的身心健康都有不利的影响,是不适合家长运用"延迟满足"策略的。"延迟满足"如厕的需求,让学前期儿童进行憋尿,这不仅对于儿童的膀胱、胃肠功能、交感神经等有不良的生理影响,还会对儿童的心理造成压力,容易让儿童对于上厕所产生恐惧和心理阴影。因此,对于孩子生理方面的本能需求,家长应当提前与孩子约定好,事先做好准备,此种情况不适宜运用"延迟满足"的策略。

另外,在已经答应孩子,或已延迟过的情况下,家长也不应当再次使用"延迟满足"策略,这很容易破坏孩子对于家长的信任,也不利于孩子规则意识的培养。

专家建议

家长要克制宠溺心理,统一意见

很多家长认为自己既然有能力满足孩子的需求,那就应该立即满足,特别是祖辈家长，他们认为"苦什么都不能苦孩子"，对于孩子的要求更是千依百顺。在上文中已经叙述了为何要使用"延迟满足"的策略，对于儿童有什么好处。教师应当告诉家长，在孩子提出需求撒娇或闹脾气时，要克制宠溺心理，不能总是即时满足，要注意和重视延迟满足。

另外，父辈家长需要与祖辈家长达成一致，统一战线。孩子在"延迟满足"的等待过程中，难免会有情绪不佳的状况，家长可以转移孩子的注意力、引导孩子表达不良情绪、适当地口头表扬和鼓励孩子。但是，家长不能因心疼孩子而自己破坏约定，中途给予奖励，这既不利于孩子"自我延迟满足"能力的培养，也不利于孩子规则意识的树立，这需要父母与祖辈提前统一意见。

延迟满足的奖励要对儿童具有吸引力

有些家长在使用"延迟满足"的策略时，会发现儿童不愿意等待。这很可能是因为"延迟满足"的奖励不够具有吸引力，甚至"延迟满足"的奖励与即时满足几乎没有区别。例如场景二中，乔乔妈妈想要一周后再满足乔乔买洋娃娃的要求，但是完全没有给予额外奖励，乔乔当然不愿意答应。在孩子想要玩具时，父母可以采取哪些有吸引力的奖励措施呢？最简单的就是增加数量，立刻买只能买一个，过段时间买可以买两个；其次，改变大小，立刻买只能买个小玩具，过段时间可以买个大玩具或者小玩具套装；再次，给予孩子选择权，立刻买只能买家长挑选的玩具，下周买可以让孩子自己挑选喜欢的玩具。

教师还应当提醒家长，家长与孩子约定的事情一定要做到，要及时给予孩子"延迟满足"的奖励。有时孩子答应了"延迟满足"，但是约定的时间过去后，孩子可能已经忘记了自己的奖励，家长应当主动提醒孩子，给予他们奖励作为正反馈，让他们知道等待是有回报的。如果家长也忘记了奖励或不想给予奖励，下一次再使用"延迟满足"的策略时，孩子就很难满怀信心地等待，甚至会减少对父母的信任感。

延迟满足要循序渐进

家长在训练孩子"延迟满足"时，可以有意识地让孩子等待，但最初延迟的时间不宜过长，若孩子一开始就失败受挫，很容易彻底放弃更好的目标奖励。家长应当采用循序渐进的原则逐步增加延迟时长。

在逐步训练孩子的延迟时长时，父母也可以采用一些方法来帮助孩子。例如任务法，让孩子完成一个小任务，让他唱一首歌、背一首诗，减轻孩子需求的急迫感，成功地延迟几分钟。再比如代币法，父母可以与孩子约定，如果孩子想要买玩具零食或其他东西，需要拿小红花交换，小红花可以是孩子平时表现优秀的奖励，也可以是定时每周发一朵。孩子积攒小红花的过程就是延迟等待的过程，而小红花作为奖励的象征能为孩子带来正反馈，帮助他度过更长的延迟满足时间。

孩子一直要"买买买",该买吗

古人云："君子爱财,取之有道。"自古以来,人们对于金钱的看法褒贬不一,对于儿童金钱观方面的教育也一直存在争议:支持者认为可以帮助儿童树立节约意识,反对者则认为会让儿童过于看重金钱。对此,教师该如何进行家庭教育指导,和家长一起帮助儿童树立正确的金钱观呢?

案例描述

场景一:晨晨是一名中班的男生,是家里的独生子,爷爷奶奶、外公外婆对晨晨都很宠溺。即使家里已经有很多玩具,但晨晨每次出门看到喜欢的玩具,都还会吵着嚷着要买,还会大喊:"买买买,我要新玩具!"家长不同意就不顾场合地在地上撒泼打滚。爷爷奶奶、外公外婆听了,总是说:"买买买,晨晨你看你喜欢哪个我们就买哪个,不就是买个玩具吗?!"每当爸爸妈妈想要劝阻,老人们就会用"孩子想要你就给他,孩子还小,再说一个玩具能有多少钱"之类的说辞将晨晨的爸爸妈妈挡在一边。爸爸妈妈想和晨晨说一说,不能这样无理取闹,爸爸妈妈的钱也不是大风刮来的,但晨晨一点儿都听不进去,还会拉着爷爷奶奶、外公外婆来给自己撑腰。

场景二:涵涵是一名大班的女生,在幼儿园里不太爱说话,心思细腻,比较敏感。有一次幼儿园举办了一个活动,班上的一个女生穿了一条非常漂亮的裙子,这条裙子一出现就吸引了其他女生的目光,纷纷围在女生周围,她一边很大方地给小伙伴们展示自己的裙子，一边还说："你们小心一点哦，不要把我的裙子弄脏了，这条裙子很贵的。"涵涵本来也想过去看一看，听到这话涵涵停下了脚步，只在一旁静静地盯着裙子，畏畏缩缩不敢上前。老师见状问涵涵："怎么不和小朋友们一起去看看呢？"涵涵小声地说："刚刚她说裙子很贵的，万一弄坏了是要赔的，要好多钱，我还是不去看了，站在这里也能看得见。"

老师和家长沟通时，发现父母害怕涵涵乱花钱，所以会告诉涵涵："我们家没钱。""我们工作很辛苦，赚的钱不能乱花。"平时涵涵也很懂事，不会对父母乱提要求。

场景三：小杰是一名大班的男生，有一天小朋友们正在看动画片，动画片中小黑熊在看到山羊奶奶的苹果撒了一地之后，主动帮山羊奶奶将苹果捡起来放到袋子里，还帮山羊奶奶拎着苹果，直到回到山羊奶奶家。看完这一幕，小杰跑到老师身边，问老师："老师，山羊奶奶为什么没有给小黑熊钱呢？"老师反问小杰："为什么山羊奶奶要给小黑熊钱呢？"小杰骄傲地说："每次我帮妈妈干活儿，妈妈都会给我钱的。"老师告诉小杰："你看小黑熊虽然很累，但是他很高兴。帮助别人你会得到快乐、得到幸福，这些都是钱买不到的。"

放学之后老师和小杰妈妈进行了沟通，了解到小杰妈妈怕小杰不愿意帮忙，所以每次小杰帮忙之后都会给小杰一定的"报酬"，时间久了小杰和妈妈之间慢慢达成一种默契——只要小杰帮忙，妈妈就会给予"报酬"，所以小杰才会认为有钱才能帮忙，做任何事情都会获得"报酬"。

案例分析

晨晨、涵涵和小杰的表现都和金钱相关。金钱是社会中最普遍也是最特殊的元素，怎样认识金钱就成了儿童教育的一大难题。有研究者将金钱观分为金钱价值观、金钱获取观和金钱使用观三类。金钱价值观指个体对金钱意义的看法，金钱获取观指对金钱获取方式的看法，金钱使用观指对金钱使用方式的看法。

学龄前期的儿童只能以表象进行思维，初步开始掌握实物概念和数概念。学龄前是儿童金钱观开始发展的时期，在此时如果不能给予儿童正确的引导，可能会对儿童之后价值观、人生观的形成产生影响。老师想要通过家庭教育指导帮助儿童树立正确的金钱观，首先需要了解影响金钱观形成的原因。

家长的宠溺导致儿童对金钱的概念缺乏正确的认识

一方面，在信息技术尚不发达的年代，儿童能够从父母手中的纸钞看出父母的窘迫，但随着大数据时代的到来、电子支付手段的发展，儿童并不能够理解父母赚钱的不易，会觉得只要有手机就有钱，甚至产生"钱从手机里来"的想法。另一方面，家长出于对子女的爱护会尽可能满足儿童的要求，对儿童提出的想法一味顺从。场景一中晨晨的爷爷奶奶、外公外婆对晨晨极其宠爱，还觉得孩子由于年龄还小这样做没什么不妥，爸爸妈妈虽然意识到了问题，但是尝试失败后就没有继续下去。这样会让儿童认为自己的任何要求家长都会满足，不能正确认识金钱的价值，儿童的购买欲也可能会越来越旺盛，对儿童性格的养成会带来不利的影响。

不当教养方式给儿童带来心理压力

有的家长能够认识到要让儿童明白父母工作的辛苦，了解金钱的来之不易，因此会像场景二中涵涵的父母一样告诉儿童自己的辛苦，比如有的父母会在教育儿童时说："我这么辛苦工作还不是为了你，为了给你多挣点钱。"在儿童想要某样东西时会说："这个太贵了，咱们再看看别的吧！"在回到家后父母还会为了金钱而吵架拌嘴。这样不知不觉之间，家长会将生活的压力转嫁到儿童身上，将儿童要为家长的辛苦负责的观念传递给儿童。场景二中的涵涵本身就心思敏感，再加上父母这样的教养方式，给涵涵带来了一定的压力，在为人处世的过程中将金钱放在第一位考虑，给儿童带来消极的心理影响，不利于儿童自信心的建立和亲社会行为的发展。

"金钱万能"带给儿童的错误认知

人们常说"钱是万能的"，但是在日常生活中很多东西是金钱换不来也买不到的，比如友情、亲情和爱情。场景三中小杰的妈妈为了让小杰帮忙做一些力所能及的事情而将其与金钱紧紧联系，让小杰产生为了钱而做事的错误观念，将帮忙建立在金钱的基础之上，这样会让儿童对金钱的重视程度大大增加。儿童能够认识到金钱的作用，这是好事，但是凡事都要把握"度"，如果儿童的这种错误观念不能得到及时的纠正，儿童可能会认为钱能够解决一切问题，对儿童价值观的形成和社会性的发展是非常不利的。

专家建议

根据皮亚杰的认知发展阶段理论，学龄前儿童在认知发展上正处于前运算阶段，此时儿童不能充分理解抽象的观念，因此应将金钱观教育的重点放在相对来说比较容易进行形象思维的金钱获取观和金钱使用观上。

指导父母为儿童树立良好的榜样

儿童在学龄前阶段的行为方式很大程度上会受到父母、老师等权威和榜样的影响，因此老师要指导家长起好榜样作用。在观念上，家长自身首先应该树立正确的金钱观。在金钱的使用上，家长自身也要做到合理适度。要理性告诉儿童金钱的来之不易，只有付出才能得到回报，同时物质上的富足并不能够代表一切，精神上的富足才是真正的富足，才能体会到幸福感和满足感。

告诉父母不要给儿童带来过大的心理压力

儿童能够感知到父母言论中所要表达的情绪，如果家长一味抱怨生活的艰辛，会让儿童认为金钱的获得非常困难，对金钱的态度也会小心翼翼；相反，如果父母告诉儿童自己虽然很辛苦，但是自己完成了任务，收获感满满，很有成就感，儿童会体会到努力工作带来的乐趣。所以教师要指导家长调整自己的心态，给儿童积极的暗示，教会儿童如何对待获得和拥有，让儿童建立起足够的自信和勇气。

指导父母对儿童进行劳动教育，使儿童学会尊重他人的劳动成果

儿童年龄较小，缺乏真正的社会经验，对金钱的理解是模棱两可的。老师可以指导家长带领儿童进行体验，比如让家长带儿童体验自己工作的一天是怎样的，让儿童真正参与到劳动教育的过程中。儿童只有真正体验过，才能够明白家长为何会说金钱来之不易，为何家长在花钱时要做一定的规划，这样真实的情景带给儿童的教育意义远比苍白的言语要大得多。

提倡家长和儿童角色互换，让儿童参与家庭购物

儿童在进入超市等购物场所时，往往希望能够带走自己喜欢的物品，甚至一言不合就开始大哭大闹，这也是让家长头痛的地方。老师可以提议让家长和儿童进行角色互换，首先提供给儿童一定的资金作为预算，然后告诉儿童需要购买哪些物品，购买这些物品的意义在哪里，让儿童理解"想要"和"需要"的区别，培养儿童将金钱花在实处的观念，同时也能培养儿童做规划的能力。家长也可以在购物的过程中指导儿童进行价格的对比，选择性价比较高的物品，提倡节俭的生活态度。多余的资金可以教儿童进行储蓄，培养儿童存钱的观念。

致谢

特别感谢上海市嘉定区昌吉路幼儿园、上海市徐汇区科技幼儿园、上海青浦区世界外国语幼儿园、上海市松江区人乐幼儿园、上海市闵行区吴泾第一幼儿园、山东省潍坊市安丘市实验小学和平路幼儿园、南京三之三力树幼儿园、成都高新区金苹果名城幼儿园、成都市郫都区示范幼儿园（晨光园区）、斯坦丁幼儿园乐山分园为本手册编写提供了丰富的一手案例。

感谢上海少年儿童图书馆馆员崔卓缘、上海师范大学教育学院研究生周芷怡、李玥、尚海青、李旭平在案例收集及撰写中所做的贡献！